易苗苗 —— 编著

Profit from WeChat
Channels

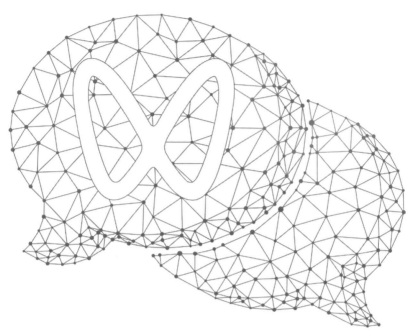

玩赚
微信视频号

账号运营+爆款打造+文案写作+引流变现

清华大学出版社
北京

内 容 简 介

如何抓住微信视频号的红利与风口？如何进行账号的良好运营？
如何短时间尽快打造出火爆的视频？如何写出锦上添花的文案？
如何引流涨粉实现从 0 到 10 万再到 100 万的突破，从而赚钱盈利？

本书从账号定位、内容选择、视频创作、内容发布、爆款标题制作、文案内容写作、搜索优化、引流方式、变现技巧等方面，帮助广大运营者快速、全面了解微信视频号的运营、引流和变现！

本书不仅适合视频号运营新手，助其掌握视频号相关知识点，快速开启视频号运营之路；更适合有一定经验的视频号运营者，助其提高视频号发布内容质量，快速增强视频号引流和吸粉能力，为视频号的带货和变现创造更好条件。

图书在版编目(CIP)数据

玩赚微信视频号：账号运营＋爆款打造＋文案写作＋引流变现 / 易苗苗编著 . —北京：清华大学出版社，2021.3
（新时代·营销新理念）
ISBN 978-7-302-56546-8

Ⅰ . ①玩…　Ⅱ . ①易…　Ⅲ . ①网络营销　Ⅳ . ① F713.365.

中国版本图书馆 CIP 数据核字 (2020) 第 187323 号

责任编辑：刘　洋
封面设计：徐　超
版式设计：方加青
责任校对：王荣静
责任印制：丛怀宇

出版发行：清华大学出版社
　　　网　　　址：http://www.tup.com.cn，http://www.wqbook.com
　　　地　　　址：北京清华大学学研大厦 A 座　　　邮　　编：100084
　　　社 总 机：010-62770175　　　　　　　　　　邮　　购：010-62786544
　　　投稿与读者服务：010-62776969，c-service@tup.tsinghua.edu.cn
　　　质 量 反 馈：010-62772015，zhiliang@tup.tsinghua.edu.cn
印 装 者：三河市国英印务有限公司
经　　销：全国新华书店
开　　本：170mm×240mm　　　印　　张：16.25　　　字　　数：265 千字
版　　次：2021 年 3 月第 1 版　　　印　　次：2021 年 3 月第 1 次印刷
定　　价：69.00 元

产品编号：088590-01

前言
PREFACE

　　相对于图文信息，大多数人更喜欢看视频信息。因此，近年来抖音、快手等短视频平台发展迅速，而曾一度居于新媒体平台霸主地位的微信公众号，无论是总体阅读量，还是用户留存率，都在慢慢降低。

　　微信视频号的推出，弥补了微信在视频内容传播方面的不足。作为微信甚至是腾讯的重点项目，视频号必然会得到公司的大力支持。再加上微信本身就拥有巨大的流量，微信视频号很可能会成为继公众号、小程序之后，微信又一具有代表性的功能。

　　这样的项目（或者说功能），自然会为大家提供许多机遇。如果能够及早入场，就有可能抢先获得一波红利。再加上抖音、快手等短视频平台渐趋饱和，许多短视频运营者，特别是在抖音、快手等平台没有获得预期发展效果的短视频运营者，在微信视频号发展起来之后，势必会将其作为一个突破点，纷纷将短视频运营重点放到微信视频号上。

　　但是，微信视频号刚推出不久，许多人对它的了解还比较有限，对如何利用微信视频实现突破和盈利，如何具体运营，如何进行文案写作都不是很清楚，因此，本书通过 4 篇共 11 章内容，为读者全面解读视频号。

　　账号运营篇：通过对视频号定义、视频号定位和视频号申请与运营的介绍，帮助大家深入了解视频号。

爆款打造篇： 通过对视频号的内容选择、视频制作、标题撰写和内容发布进行讲解，帮助视频号运营者创作出爆款内容，吸引用户关注，提升 IP 价值。

文案写作篇： 通过对视频号的内容文案和评论回复文案写作技巧的介绍，帮助大家快速入门，创作出高质量的短视频文案，最终达到引流目的。

引流变现篇： 从引流和变现两个方面进行讲解，介绍了多种适用于视频号的引流方法和实用变现方式，帮助大家轻松赚钱。

需要特别说明的是，本书是笔者在运营视频号过程中，以及对抖音、快手等短视频平台经验总结的基础上提炼出来的，其核心内容虽然具有广泛的适用性，但视频号尚在发展初级阶段，笔者是基于现阶段的视频号运营内容展开讲解的。随着未来的发展，视频号可能会有不断的更新，请运营者根据自己的实际情况结合视频号更新内容进一步探索和学习。

编者

2020 年 8 月

目录

CONTENTS

爆款打造篇

第4章　内容选择：让你的视频号内容赢在起点

第5章　视频创作：轻松提升视频号的内容质量

第 8 章　文案打造：让视频号内容的吸引力倍增

引流变现篇

第 10 章　引流增粉：从零开始养成百万粉丝大号

第 11 章　变现转化：多种方式助你轻松年入百万

账号运营篇

李子柒 ✓

认证：美食博主

简介：李家有女，人称子柒

2位朋友关注

一株小麦，变化出扎根
在每个人记忆里的味道…

一株小麦，变化出扎根
在每个人记忆里的味道…

食与刀

食物应该有原本该有的味道

/第／ 1 /章／

初识视频号：通过几个问题了解视频号

学前提示

什么是视频号？这是我们在运营视频号之前必须搞清楚的问题。这一章，笔者就先带大家认识一下视频号，只有知道了什么是视频号以及视频号的特点和规则，我们才能更好地运营视频号。

要点展示

● 简单介绍：认识视频号

● 推出契机：顺应 5G 时代发展

● 对标其他平台：一览视频号优缺点

● 实现突围：决战短视频战场

1.1 简单介绍：认识视频号

随着 5G 时代的到来，网络速度加快，网络媒体开始把重心从图文向视频靠拢。不得不说，5G 时代的来临给各个短视频平台提供了更好的发展机会。现在，人们的生活越来越离不开短视频，刷短视频已经成为人们消磨时间的主要休闲娱乐方式。

抖音、快手等短视频平台的成功都验证了短视频发展的前景，腾讯自然也不愿意放弃短视频领域的红利。

前段时间，在微信发现页面出现了"视频号"入口（如图 1-1 所示），其位置就在朋友圈的下面，可见腾讯对视频号的重视。接下来，笔者就带大家认识一下微信视频号。

图 1-1　微信视频号的入口位置

1.1.1 基本定义：人人可以创作的平台

微信创始人张小龙曾经指出："相对公众号而言，我们缺少了一个人人可以创作的载体。因为不能要求每个人都能天天写文章。"根据张小龙所说的内容，我们可以这样定义：视频号是平行于公众号和个人微信号的内容平台，也可以说是一个可以记录和创作的平台。

在视频号上，用户可以通过时长 1 分钟以内的视频，或者 9 张以内的图片，和平台上其他的视频号用户分享自己的生活。用户在刷视频号时，滑到页面焦点，短视频就会自动播放。

用户发布短视频之后，在视频号上可以看到的完整短视频界面包括：账号名称、视频内容、标题、外接链接、定位、评论和点赞数，如图 1-2 所示。目前，视频号还不具备暂停、快进、快退等功能。

图 1-2　微信视频号界面

视频号的入口就在微信发现页面的朋友圈入口的下方，目前看来，视频号是独立创建的，也就是说，视频号的粉丝与朋友圈的好友、公众号的粉丝是不相通的，需要单独运营。

视频号运营者可以看到所有的评论和点赞数，包括微信朋友的点赞数，但暂时还无法知道点赞的朋友是谁。

视频号注册需要绑定个人微信号，其微信号会成为该视频号内容的唯一发布口，而且视频号与微信一样，暂时不支持在两个或多个移动终端使用。值得注意的一点是，运营者微信号绑定成功后无法更改。

视频号的界面和抖音、快手等短视频平台不同，更像是朋友圈的视频版。这一点，笔者后面会具体讨论。

📱 1.1.2　功能特点：深入了解帮助运营

了解视频号的定义和一些需要知道的基本知识点后，接下来，聊聊视频号的功能特点，帮助大家更深入地了解视频号。

（1）位置：微信发现页朋友圈入口下方

腾讯在短视频方面一直都比较欠缺，之前推出的微视也被抖音压制，没有多大的水花。从视频号入口的位置可以看出腾讯对短视频的重视。这次，腾讯想要趁着5G时代的到来，借助微信的力量实现视频号在短视频领域的突围。

（2）可以发布1分钟以内的视频或者9张以内的图片

运营者在视频号上发布的内容可以直接用视频号中的相机进行拍摄，也可以从相册中选择。短视频时间最长1分钟，最短3秒，图片不能超过9张。

视频号上面图片的显示和朋友圈九宫格不同，只能左右滑动查看。发布的图片不能点击放大，不能保存，图片中如果有二维码也不能长按识别。图1-3所示为视频号运营者在视频号发布的图片内容。

图1-3 视频号运营者发布的图片内容

（3）视频自动播放

在进入视频号主页面之后刷到的短视频内容都是自动循环播放的，不能暂停，视频播完之后会自动重播，不会跳到下一个视频。视频号暂不支持快进或快退。

视频号用户刷到喜欢的视频内容可以点赞和评论。具体来说，视频号的视频有两种点赞方式，既可以双击视频进行点赞，也可以点击视频下方的点赞标识进行点赞；评论最多显示两条，其余评论会被折叠，需点进评论才能全部看到。

（4）可以添加公众号文章超链接

视频号运营者发布内容时，可以在视频下方插入公众号文章的超链接。前面说过视频号是独立创建的，与微信公众号的粉丝是不相通的，而插入超链接则是目前唯一可以将两者打通的方法，这也有利于为公众号引流，如图1-4所示。

图 1-4　视频号下方插入公众号文章超链接

（5）视频号的标题辅助表达

视频号的标题最多可以写 140 个字，但是不会全部显示，只可以显示 3 行（约 65 个字），其余的会被折叠，点击"全文"可看到全部内容。

如图 1-5 所示，大家可以看到第一个视频的标题内容较短，视频号用户能全部看见，而第二个视频的标题内容比较长，想要查看全部内容，就需要点击"全文"。

图 1-5　视频号标题

一般来说，不建议大家写很长的文字内容，这样不利于其他视频号用户进行点赞、评论和分享。这里先简单介绍一下，后面会具体聊聊怎样写视频号短视频的标题。

（6）视频号可以添加定位

视频号添加定位和微博的定位差不多，可以定位到××市等比较大的定位，也可以定位到××公园等具体定位，如图1-6所示。视频号并非必须添加定位，主要看视频号运营者的习惯。

图1-6　视频号可以添加定位

（7）可以带话题

如图1-7所示，视频号运营者在发视频或者图片的时候，可以带上与所发内容相关的话题，这样微信官方会将发布内容推荐给更多喜欢看这类型内容的用户，从而吸引更多精准用户的关注。

图1-7　视频号可以带话题

（8）可以分享到朋友圈

视频号用户看到感兴趣或者喜欢的内容后，可以将视频发送给微信好友或者进行收藏，还可以分享到朋友圈。如果不感兴趣也可以点击"不感兴趣"按钮，之后视频号官方就不会再给你推荐这个账号所发布的视频了，如图 1-8所示。

图 1-8　视频号可以分享到朋友圈

（9）视频号 1 年可改两次名字

有的视频号运营者可能对自己刚开始的视频号名字不满意，或者出于某些原因，比如给视频号重新进行账号定位等，需要更改视频号的名字。

笔者不建议大家频繁更名，这样不利于其他视频号用户搜索你的账号，也会损失一部分之前的粉丝。如果确有需要更改，一年也不可超过两次，这是视频号平台的规定。

1.1.3　账号类型：快速厘清运营思路

视频号的发展还处于初期，功能还不太齐全，其账号类型和内容形式也不多。笔者收集了几种目前在视频号上出现比较多的账号类型及其内容形式，希望可以给视频号运营者厘清一些思路。

1. 视频号目前的账号类型

目前视频号的账号类型和内容形式并不多，主要账号类型有个人账号、营销账号、官方账号。

（1）个人账号：网红、个人 IP

微信推出视频号是为了弥补短视频内容方面的缺失，降低创作门槛，打造一个人人都可以创作的平台。虽然朋友圈也可以发视频动态，但它有人数限制，即最多不能超过 5 000 人，而且朋友圈定位是熟人互动，属于私密社区，并不能充分满足个人自我表达和获取名利的欲望。

相对抖音、快手而言，视频号互动性更强，高质量的原创内容在视频号上将会有更强的传播力。在内容为王的时代，对视频号的个人账号而言，找准自身定位、创作优质作品是获得关注、创造收益最直接的手段。图 1-9 所示为视频号的个人号页面截图。

图 1-9　视频号的个人账号页面截图

（2）营销账号：个体工商户、企业

营销账号主要包括个体工商户、企业等注册并认证的视频号，它主要通过打造爆款内容来吸引粉丝流量，最终达到出售产品或服务的目的。企业在运营视频号前，首先要找准自己的目标客户群体，然后根据其用户属性创作垂直领域的视频内容，并且持续输出高质量的内容，激发客户的购买欲望。图 1-10 所示为视频号的营销账号页面截图。

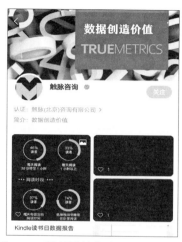

图 1-10 视频号的营销账号页面截图

（3）官方账号：品牌

官方账号以品牌号为主，它为品牌输出口碑、扩大品牌曝光度、提高产品转化率提供了平台。

品牌在输出内容时，最好与当下热点相结合，从而争取更多流量，达到更好的宣传效果。图 1-11 所示为视频号的官方账号页面截图。

图 1-11 视频号的官方账号页面截图

2. 目前的内容形式

视频号短视频的主要内容形式有：抖音、快手的视频搬运分享，长视频作者（如 B 站、Up 主）倒流，明星微博内容发布，原创新内容等。

推出契机：顺应 5G 时代发展

微信是一个拥有强大用户群的社交平台，之前推出过微信公众号、微信小程序等非常成功的产品。现在推出视频号，首先可以免去微信用户去其他短视频平台看同一账号发布的视频的麻烦，其次也顺应了 5G 时代的发展。

微信虽然拥有大量的用户，但是随着时间的推移，微信的发展遇到了瓶颈，很难再给用户带来轰动性影响。不管是之前微信公众号的推出，还是其他业务的拓展，都是微信顺应时代发展做出的改变。

1.2.1 推出原因：抓住短视频红利

近几年，短视频的爆红给短视频领域创造了巨大的红利，微信团队肯定不愿意放弃短视频这一拥有巨大红利的领域。微信作为免费的即时通信平台盈利的方式有很多，例如平台内的广告、公众号的抽成以及微信支付等，但想要规模盈利却并非易事。

而对企业来说，为用户提供免费服务的目的有多个：一方面是把用户留在平台内，另一方面是获取利益。所以随着微信的可增长用户减少，微信盈利的可增长空间也不断减小。影响微信盈利方面的原因，还有微信自身生态内容的缺失，需要视频号来补全。

第一，微信短内容生产者缺失。微信在推出视频号之前，用户要想在微信公众平台火起来，最常见的方式是写有深度的文章，并且还要坚持发文。而短内容创作者擅长或者喜欢的是利用较短的文案或者短视频表达观点和分享生活，所以短内容创作者很难在微信公众平台上有很好的发展。

第二，低创作门槛缺失。这是一个人人都可以成为创作者的时代，但是未推出视频号的微信公众平台由于创作门槛比较高，而无法成为一个可以让所有人成为创作者的优秀平台。

因为想要在微信公众平台有一定的影响力，最好的方式就是坚持发布有深度的文章，而这需要内容创作者有很好的文字功底和写作技巧，或者是对某一方面内容非常精通且能用文字准确清晰地表达。图 1-12 所示为某公众号发布的文章。

图 1-12　某公众号发布的文章

但是，并不是所有的用户都可以达到这种比较优秀的创作水平。这会给内容创作者带来很大的压力，导致很多创作者放弃在微信公众平台发布内容，转战其他平台，这样微信就会损失一部分用户。

第三，被动获取能力缺失。微信中主要的内容创作都是在微信公众号中进行，而公众号的核心机制是用户先主动关注公众号，然后收到该公众号的推送。一般情况下，用户很少自己去主动搜索公众号然后关注，大多数是通过朋友圈、微信群和已关注公众号的推荐去发现和关注新的更多的公众号。

第四，中距离传播能力缺失。有时候我们有内容想要分享给更多的人，而这些内容不足以支撑起一篇公众号长文，虽然我们还可以选择发布朋友圈，但一个微信号只允许最多 5 000 人查看其朋友圈。

在用户增幅不断减少和平台盈利能力下降的双重压力下，微信需要寻找新的突破点。随着 5G 时代的到来，短视频得到更多企业的青睐。微信推出视频号，不仅可以满足微信用户对短视频的需求，从而提升用户活跃度，而且可以改变微信平台的业务规模和影响力，从而获取更多利益。

1.2.2　战略定位：补全微信生态内容

微信作为即时通信工具，通信是它的核心。但是，随着各种功能的推出和完善，微信已经不仅仅是通信工具。例如，小程序、公众号等功能的推出，让人们看到了微信的无限可能性。

有人说："微信，不是通信工具，而是链接工具。"微信在"人""内容"和"服务"各内容之间以及它们相互之间进行链接，例如服务号、企业微信等功能的成功推出，使得这种"链接"布局的发展越发清晰。

微信的未来发展也将基于"链接"主题，在现有基础之上，去补充链接手段。视频号虽然现在只能支持添加公众号文章链接（如图 1-13 所示）以及利用已有的微信好友关系，但是根据之前小程序的发展历程和微信的链接主题，实现更多维度的数据打通和账号链接指日可待。

图 1-13　视频号添加公众号文章链接

前面我们说到了为什么推出微信视频号，其中包括微信公众平台的几种能力的缺失，也就是说微信生态内容还不完整，由此可见，视频号的战略定位就是补全微信的内容生态。

那么，视频号主要为微信补全的是哪些内容呢？通过前面的内容，我们便可得知，视频号为微信补全了短内容平台、中距离广告能力、用户的被动获取。

短内容：微信公众号更适合长篇幅、有深度和专业化内容，不适合短内容的发布，也不适合短内容创作者发展。

中距离广告能力：朋友圈的传播能力有限，不能突破 5 000 个微信联系人的限制。

用户被动获取：主要是受微信公众号核心机制的限制，需要关注公众号才能获取内容，再加上用户很少自己主动去搜索公众号，所以，视频号出现之前，微信公众平台的用户被动获取能力非常缺失。

1.2.3　发展前景：打入短视频领域

视频号推出以来，笔者听到很多好的评价，也听到很多不好的评价，例如营销号多、无法分享到站外、相似内容较多等，但这并不代表视频号发展前景不好。接下来，笔者就和大家聊聊大环境下的视频号。

首先，快手、抖音等短视频平台的爆红为视频号提供了实践经验。现在刷短视频已经成为大家非常重要的休闲娱乐方式。快手、抖音短视频的爆红也说明了广大网友是有这方面需求的，可见短视频这一领域还是有相当好的发展前景。

快手、抖音等短视频平台为用户提供了表达的机会，它们的用户借助短视频表达自己的观点，分享自己的生活，人人都可以成为创作者，创作门槛相对较低。同时，人人都可以关注他人的生活，包括认识的人和陌生人。视频号推出的初衷便是搭建一个人人可以记录和创作的平台，降低创作门槛。

其次，5G技术的发展和应用，对于视频号来说是个很好的契机。加上时间碎片化，用户可能并没有时间去阅读和研究一篇有深度的文章，在忙碌工作一天之后，他们更愿意观看短视频来消磨无聊的时间。

顺应短视频发展趋势，视频也许可以成为新的语言表达方式，利用其更高的信息负载率，降低沟通成本，同时实现人与人之间沟通价值的提高。

最后，短视频市场还在快速发展阶段，市场并不饱和。我们可以把抖音、快手等短视频平台看作一个双边的网络市场，在这个网络市场里面存在着视频内容创作用户和视频内容需求用户，他们出于不同的目的加入，并提供给对方所需要的东西，这种双边的网络市场有点类似淘宝的交易市场。

而这种双边的网络市场关系并不是牢不可破的，只要双方能给到彼此足够的好处，这种关系是可以重建的，也就是说，只要视频号能给到视频号用户所需求的东西，一样可以成功打入短视频领域。

1.3 对标其他平台：一览视频号优缺点

微信以人—内容—服务为中心构建了一个特有的内容生态体系，而微信视频号的战略定位就是补全微信的生态内容体系，即补齐微信短内容板块。

短内容创作的门槛相对较低，视频号便是降低了创作门槛，为不擅长公众号文章写作的人提供一个创作的平台和表达观点的窗口。

那相对于抖音、Instagram 等同样是以短内容创作为主的平台，视频号又有什么不同呢？下面我们分别讨论微信视频号相比抖音、Instagram 的优缺点。

1.3.1 对标抖音：视频号胜算有几何？

首先需要说明的一点是，抖音的算法推荐机制是根据用户喜好向用户推荐相关视频，所以我们在刷抖音的时候会看到很多相同类型的视频。

而视频号目前还在发展初期，其算法推荐机制暂时还是官方统一推荐，以后也有可能会依"用户喜好"推荐内容。图 1-14 所示为抖音的推荐页面，图 1-15 所示为视频号的推荐页面。

图 1-14 抖音的推荐页面

图 1-15 视频号的推荐页面

了解了抖音和视频号各自的算法机制，接下来从用户群体的优劣势、抖音的先发优势、视频号的缓慢发展、用户的迁移成本等来讲一下视频号对标抖音的各种情况。

1. 用户群体的优劣势

据统计，微信的日活跃用户数超过 10 亿，抖音日活跃用户数超过 4 亿。在用户数上抖音要比微信少得多，而视频号作为微信推出的补全其短内容板块的平台，背靠着微信，发展前景一片大好。

虽然抖音用户比微信少很多，但都是确确实实有短视频需求的用户。而微信的日活跃用户并不能保证都是对短视频有需求的，并且最终能转化为视频号用户。未来视频号还要针对如何把微信用户尽量多地转化成视频号用户做诸多努力。

2.抖音的先发优势

第一，抖音的生产端用户有先发优势。生产端用户即内容创作者一般对于一个平台的忠诚度不高。大家经常可以看到内容创作者在很多短视频平台都有账号，基本发布的也是相同的内容。加上抖音的各种功能比视频号要更加成熟，所以视频号开放之后，很多视频号运营者都是直接搬运自己在抖音发布的内容，而这些内容不排除部分视频号用户已经看过。

图 1-16 所示为音乐博主"小阿七"在抖音和视频号上发布的同一个视频。很明显可以看出，这个视频在视频号上点赞数是 1.4 万，在抖音上点赞数则达到了 22.6 万，而这并不是个例。当然，现在还只是内测，视频号还处于发展初期，这种现象其实也是正常的。

图 1-16 "小阿七"的视频号与抖音号发布的相同视频内容

第二，抖音平台的工具和运营策略有先发优势。抖音的各种功能和工具在这些年的发展中日趋完善。就拿视频剪辑器来说，剪映作为抖音的官方视频剪辑器，其各种功能都是和抖音紧密相连的。从剪映可以直接进入抖音页面，而且剪映还提供各种抖音热门视频背景音乐模板，用户可以模仿其风格制作自己的视频。图 1-17 所示为剪映的页面截图。

图 1-17 剪映的页面截图

剪映非常适合一般用户剪辑视频，用户不需要有很好的剪辑技能也能操作，所以很受抖音用户，甚至是非抖音用户的喜欢。视频号暂时还没有自己的官方剪辑器，虽然也可以用剪映剪辑视频，但官方和非官方还是有一定差别的。

抖音已经形成一套成熟的运营机制，不管是对内容的把控和引导，还是与大 V 和明星的合作，都有自己的运营程序，而视频号还在摸索阶段。视频号可以在借鉴抖音成功运营经验基础上，发展自己的特色，创造新的亮点。

第三，抖音的原创内容有先发优势。首先，抖音的内容产品包括短视频、长视频、直播等，相比视频号只能发布 1 分钟以内短视频和 9 张以内照片的内容，产品要丰富得多。其次，抖音非常注重视频的音乐，现在有很多老歌新歌都是先在抖音上火起来，然后才在各个音乐网站流行。

例如，《学猫叫》《处处吻》《芒种》等都是抖音热歌。对短视频来说，配乐好不好会直接影响视频的质量，可以说抖音在音乐的制造、运营和推广方面有不可小觑的优势。视频号目前似乎并没有重视视频音乐。

3. 视频号的缓慢发展

视频号现在推出的只是内测版，申请注册视频号的用户并不多，目前微信用户申请视频号账号有几种形式，即微信邀请、邮件邀请、二维码申请。抖音已经在短视频领域站稳脚跟，视频号才初出茅庐，起步已经是比较晚了。

4.用户的迁移成本

　　面对同质化严重的内容，用户已经习惯了在抖音上观看，要想把他们吸引到视频号上来需要花费很多的时间和精力。视频号和抖音的内容界面不同，抖音上可以全屏观看，视频号上却是非全屏观看，这一差异用户也需要适应。图 1-18 所示为抖音的内容界面，图 1-19 所示为视频号的内容界面。

图 1-18　抖音的内容界面

图 1-19　视频号的内容界面

　　视频号对标抖音的优缺点，也基本适用于对标快手，所以关于视频号对标快手的内容笔者就不再赘述。抖音、快手虽然属于社交软件，但实质上更偏向视频娱乐。而视频号目前看起来比较像朋友圈的视频版，社交性更强。

1.3.2　对标Instagram：视频号同样具有强社交性？

　　微信创始人张小龙在演讲时曾说："朋友圈本质上是什么？朋友圈其实开创了一个新的社交场所，它不止是一个时间流，我把它比作一个广场。你每天会花半个小时从广场走过，然后你会迎面看到一堆的人在那里讨论不同的东西，聊不同的东西，有各自的主题。你经过每一个人群，这里面都是你认识的人，并且你可以停下来跟他们参与到任何一个小圈子讨论里面去，并且你会发现每一个小圈子也全部都是你认识的人。但是，这个广场（朋友圈）是封闭的，会带来社交压力，如果把这个广场开放出来，依然是社交场所，那么社交压力就会小得多，而且会更丰富。"

按照张小龙的这种期待，视频号与 Instagram 类似，图 1-20 所示为视频号界面，图 1-21 所示为 Instagram 的界面。

图 1-20　视频号的界面

图 1-21　Instagram 的界面

关于视频号对标 Instagram，我们可以从以下几方面来看。

1. 视频号的形态

刚刚说了视频号的形态更像是 Instagram，它们两个的界面比较相近，而且视频号虽然叫视频号，同样也是可以发图片的。

Instagram 以前其实是图片社区，如视频、直播、Story、IGTV 等视频功能都是后面慢慢开放的。现在的 Instagram 比较像我们国内的新浪微博，但它的社交性比较强，微博则属于媒体平台，社交性较弱。

2. 用户"看热闹"的需求

国内比较常见的"看热闹"的地方就是新浪微博。不管是国际大事，还是生活中琐碎的新鲜事，都可以在新浪微博上面看到。图 1-22 所示为新浪微博热搜页面。有时候我们既要用微信和朋友联系，又想在微博上"看热闹"，就得两个 APP 来回切换，微信推出视频号之后，想"看热闹"直接在微信上看就可以了，会方便很多。

图 1-22　新浪微博热搜页面

3. 满足陌生人的社交需求

视频号与 Instagram 比较相近的还有一点，就是两者的社交性相对其他平台来说是比较强的，为素不相识的人提供了一个认识的平台。

微信本就是一个即时的通信平台，虽说视频号是微信单独推出的功能产品，但是视频号始终都是微信内容生态的补全，和朋友圈一样，它的社交性不可否认。

而微信朋友圈需要加微信好友之后才能看到，一般都是相识的人。视频号则不需要加微信好友，不管是认识的还是不认识的，都可能看到你所分享的想让更多人知道的内容。

1.4　实现突围：决战短视频战场

短视频的出现和发展颠覆了传统消费方式，关于短视频的"消费"趋势不用多说，从以往的市场数据已经可以看出短视频消费的无限潜力。视频号已经内测一段时间了，在短视频这个战场，抖音、快手、火山小视频等短视频平台已经站稳脚跟，"姗姗来迟"的微信视频号还有机会吗？

张小龙之前在 2020 微信公开课上说："我们一不小心把它做成了文章作为内容的载体，使得其他短内容形式没有呈现出来，使得我们在短内容方面有一定的缺失。"

可以说微信公众号是微信推出的一个划时代产品，以文字为载体的阅读时代，给整个自媒体生态带来了勃勃生机。

🗨 1.4.1　用户需求：背靠微信的庞大用户群

微信作为免费的即时通信工具，拥有超过 10 亿日活跃用户数，这是个非常庞大的用户群。对于现代人来说，刷短视频是他们重要的休闲娱乐方式，也就是说微信用户群中必定有很大一部分用户对于短视频是有需求的。

微信用户也可以看作大众用户，以前他们在微信里更多的是阅读公众号文章等长内容，现在随着短视频的爆红，他们更想要在阅读长内容的同时也能涉猎更多以短视频为载体的短内容，以便获得更好的阅读体验。

微信用户除了有阅读短内容的需求，还有社交的需求。微信好友的上限是 5 000 人，但在这个时代，微信用户有认识更多人的需求，他们希望和更多的人分享自己的生活和观点，也希望知晓别人的生活和观点。

每个人都有表达的欲望，都有社交的需求。抖音、快手等更偏向于娱乐休闲，社交性并不强，视频号背靠微信，基于已有的社交关系链，社交性更强。可以说视频号首先是从身边熟悉的社交关系出发，之后再通过关系链接，会慢慢走向更广泛意义的表达和关注。

🗨 1.4.2　市场发展：处于"早期大众阶段"

抖音、快手等短视频平台的爆红，证明了以短视频为载体的短内容有着巨大的用户价值。抖音、快手作为发展比较早的短视频平台，现在的日活跃用户数都已经达到数亿，它们的运营机制经过前期摸索也日趋成熟，成为短视频领域的两个巨头。

在短视频这个没有硝烟的战场，各个短视频平台的主要打法已基本成型。那么根据杰弗里·摩尔《跨越鸿沟》一书的观点来看，短视频市场现在已经跨过"鸿沟"处于"早期大众阶段"。图 1-23 所示为摩尔所著的《跨越鸿沟》一书中关于市场发展阶段观点的截图。

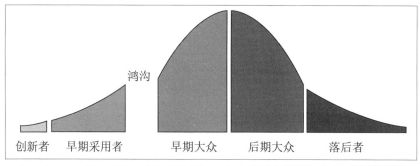

鸿沟

创新者　早期采用者　　　　早期大众　　　　后期大众　　　　落后者

图 1-23　杰弗里·摩尔《跨越鸿沟》一书中关于市场发展阶段观点的截图

在这个阶段，短视频市场还有很大潜力，例如苹果进入手机领域、腾讯进入网络游戏领域都是在这个阶段，它们最后取得的成功有目共睹。

在"早期大众阶段"，视频号如果能充分发挥自己在用户群和社交性等方面的优势，找好自己的定位，完善自身的功能，其未来可期。

💬 1.4.3　未来设想：增强视频号市场竞争力

根据张小龙在 2020 微信公开课上的讲话"我们缺少了一个人人可以创作的载体"可以知道，视频号存在的意义主要就是将内容创作的权力交还给每一个普通用户。

目前，视频号还只是内测阶段，其形态和功能发展还有很多可能性，笔者在这里提出了几个设想，希望能帮助大家更进一步了解视频号，让大家在视频号正式开放的时候不至于手足无措。

1. 推出自己的视频剪辑工具

前面说到抖音有自己官方的视频剪辑工具——剪映。对视频号来说，推出自己的视频剪辑工具，降低内容创作门槛，有利于吸引更多内容创作者在视频号上发布原创视频内容，从而吸引更多用户注册使用视频号。

2. 加入"长按功能"

目前在视频号上刷视频，只能按照官方推荐来观看，虽然可以发送给微信好友和分享到朋友圈，但需要先点击右上方的"更多"按钮，如果加入"长按功能"，视频号用户可以在长按视频之后，实现不喜欢或者其他的操作。

"长按功能"是现在人们在上网时普遍会使用的功能，视频号加入"长按功能"，既符合大家的上网习惯，也能让用户获得更好的体验，有利于未来的发展。

3. 与微信其他生态内容基本打通

视频号作为微信生态内容的补充，现在除了可以在视频号下方插入公众号文章链接外，并没有看到更多与微信其他功能之间的联系。实现视频号与微信其他生态内容打通，互相引流，最重要的一点是可以把微信用户最大程度地转化为视频号用户，这也有利于视频号在短视频领域实现突围。

4. 新增图片视频全屏展示功能

不管是抖音、快手等短视频平台，还是优酷、腾讯等视频网站，甚至是微博等媒体网站，用户在观看视频的时候，一般习惯于选择全屏模式，视频号暂时还不具备这一功能。视频号如果能迎合用户观看习惯，也能减少用户迁移成本。

5. 关于直播

直播带货是短视频非常重要的变现方式，也可以成为视频号重要的变现方式。相信视频号不会放弃这方面的红利。

就目前的视频号而言，各项功能都还有很大优化空间，像原创内容、内容推荐、用户体验等确实存在着不足。但只要发展方向对了，其他的肯定会一步步完善，未来发展也会越来越好。

/第/ 2 /章/

账号定位：为视频号运营找到明确方向

🎧 学前提示

做一件事情之前先明确方向，这样才能有的放矢。做视频号运营也是如此。那么，如何找准视频号的运营方向呢？其中一种比较有效的方法就是通过账号定位，从一开始就明确运营方向。

🎧 要点展示

● 5个维度：确定视频号运营方向

● 4种定位方法：助你运营一臂之力

5 个维度：确定视频号运营方向

不是每个人都是视频号"大 V"，但不想成为"大 V"的用户不是好的视频号用户。定位的意义和重要性人尽皆知，而且由于视频号对视频质量要求较高，所以创作者在这些方面都要下苦功。

那么如何做视频号定位呢？笔者认为，视频号运营者可以从 5 个维度考虑，即行业维度、内容维度、用户维度、产品维度和人设维度。下面具体讨论这 5 个维度。

2.1.1 行业维度：确定账号分享内容的行业及领域

行业定位就是确定账号分享内容的行业和领域。通常来说，视频号运营者在做行业定位时，只须选择自己擅长的领域即可。

当然，有时候某个行业包含的内容比较广泛，且在视频号上做该行业内容的账号已经比较多了。此时，视频号运营者便可以通过对行业进行细分，侧重从某个细分领域打造账号内容。

比如，美妆行业包含的内容比较多，这个时候我们就可以通过领域细分从某方面进行重点突破。这个方面比较具有代表性的当属李佳琦，这位号称"口红一哥"的美妆博主便是通过对口红相关内容的分享，吸引大量对口红感兴趣的人群，如图 2-1 所示。

又如，现在越来越多人爱上摄影，摄影的技巧比较多，可以用来拍摄短视频的内容也较多，"手机摄影训练营"的运营者便在视频号上发布了相当多关于手机摄影技巧方面的干货。图 2-2 所示为视频号"手机摄影训练营"发布的短视频内容。

深度内容是校正账号定位最重要的环节，成败就在此一举。同时，领域细分定位和深度内容也是用户能够持续更新优质原创视频的两个核心因素，所以用户在给视频号定位时需要慎之又慎。

图 2-1　"李佳琦 Au"发布的视频

图 2-2　"手机摄影训练营"发布的视频

　　视频号定位做好后，内容就非常容易分享了，至少你的视频内容方向已经确定，不会再迷茫。用户可以根据自己的行业、领域给视频号一个清晰定位，并据此找到自己的深度内容。

2.1.2　内容维度：确定账号分享内容的类型及方向

　　视频号内容定位就是确定视频号账号的内容方向，并据此来进行内容的创作和发布。通常来说，视频号运营者在做内容定位时，只需结合账号定位确定需要发布的内容即可。

例如，视频号"摄影师愈飞"的账号定位是手机摄影，所以该账号发布的内容以手机摄影为主，主要教大家手机摄影方面的小技巧，吸引了大量喜欢摄影的视频号用户的关注，如图2-3所示。

图2-3　"摄影师愈飞"发布的视频

又如，视频号"赵小黎"的运营者发布的是她平时进行艺术创作的视频，不管是画画的过程还是视频的拍摄创意都很有看点，得到很多视频号用户的喜欢和点赞。图2-4所示为"赵小黎"发布的视频号短视频截图。

图2-4　"赵小黎"发布的视频

确定了账号的内容方向，即给视频号做了定位之后，便可以根据该方向进行内容生产。当然，在运营过程中，内容生产也是有技巧的。

具体来说，可以运用以下技巧，轻松打造持续性的优质内容，以便吸引更多的浏览量，如图 2-5 所示。

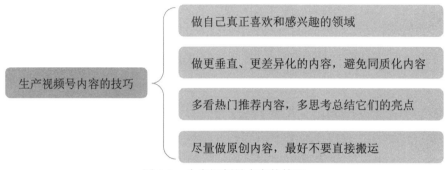

图 2-5　生产视频号内容的技巧

2.1.3　用户维度：确定账号目标用户的属性及画像

在短视频平台运营中，确定账号目标用户是其中至为重要的一环。而在进行平台的用户定位之前，首先要做的就是了解平台具体针对的是哪些人群，它们具有什么特性等问题。

了解视频号的目标用户，是为了方便视频号运营者更有针对性地发布内容，然后吸引更多目标用户的关注，获得更多的点赞。关于用户的特性，一般可细分为两类，如图 2-6 所示。

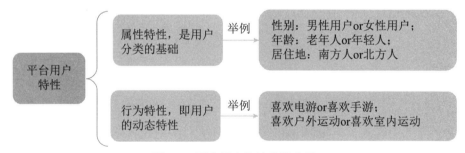

图 2-6　平台用户特性分类分析

在了解用户特性基础上，接下来要做的是进行用户定位。用户定位一般包括 3 个步骤，具体如下。

（1）数据收集

数据收集有很多方法，较常见的方法是通过市场调研来收集和整理平台用户数据，然后再把这些数据与用户属性关联起来，如年龄段、收入和地域等，绘制成相关图谱，这样就能够大致了解用户的基本属性特征。图 2-7 所示为某产品的用户年龄段分析。

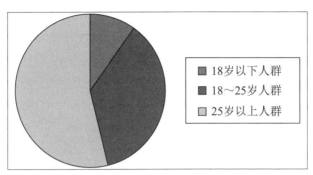

图 2-7 某产品的用户年龄段分析

（2）用户标签

获取了用户的基本数据和基本属性特征后，就可以对其属性和行为进行简单分类，并进一步对用户进行标注，确定用户的可能购买欲和可能活跃度等，以便在接下来的用户画像过程中对号入座。

（3）用户画像

利用上述内容中的用户属性标注，从中抽取典型特征，完成用户的虚拟画像，构成平台用户的各类用户角色，以便进行用户细分，并在此基础上做出更好地针对性的运营策略和精准营销。

2.1.4 产品维度：确定账号变现产品的种类及范围

大部分视频号运营者之所以要做视频号运营，就是希望能够借此变现，获得一定的收益。而产品销售又是比较重要的一种变现方式，因此，选择合适的变现产品，进行产品的定位就显得尤为重要了。

那么，如何进行产品定位呢？在笔者看来，根据视频号运营者自身情况，产品定位可以分为两种。一种是根据自身拥有的产品进行定位，另一种是根据自身业务范围进行定位。

根据自身拥有的产品进行定位很好理解，就是看自己有哪些产品是可以销售的，然后将这些产品作为销售对象进行营销。

例如，某位视频号运营者开了一个水果店铺，卖各种各样的水果，于是他便将视频号定位为水果销售。他不仅将账号命名为"××水果店",而且还通过视频进行水果的展示,并为视频号用户提供了购买水果的方式,大家可在评论区联系运营者购买其水果。这样,视频有稳定的浏览量,水果店铺也会有稳定的客源,如图2-8所示。

图 2-8　根据自身拥有的产品进行定位

根据自身业务范围进行定位,就是在自身业务范围内发布视频内容,然后根据内容插入对应的商品链接。

一般来说,这种定位方式比较适合自身没有产品,但希望通过视频号变现的运营者,这部分运营者只需要根据视频内容添加合适的商品,便能借助该商品的链接获得佣金收入。

例如,某个视频号以发布日常生活类视频为主,主要是便利生活的小技巧。该账号的运营者自身没有可以直接销售的商品,于是,他便在视频中添加了他人店铺中的各种产品来获取收入,比如网红杯,如图2-9所示。

图 2-9　根据自身业务范围进行定位

💬 2.1.5 人设维度：确定账号设定人物的形象及特征

人设，是人物设定的简称。所谓人物设定就是视频号运营者通过视频打造的人物形象和个性特征。通常来说，成功的人设能在视频号用户心中留下深刻印象，让用户能够通过某个或者某几个标签，快速联想到该视频号。

人物设定的关键就在于为视频中的人物贴上标签，如何才能快速为视频中的人物贴上标签呢？其中一种比较有效的方式就是发布相关视频，并呈现其符合标签的一面。

例如，视频号"你的教练张教练"以发布健身视频内容为主，账号的人设就是健身教练，如图 2-10 所示。

图 2-10 "你的教练张教练"发布的视频

又如，"章鱼小王子"这个账号定位的人设就是一个小孩子的大哥哥，视频中他用俏皮的舞步和可爱的声音来进行表演，如图 2-11 所示。

图 2-11 "章鱼小王子"发布的视频

还有"Mr.Pea 逗逗先生"账号所发布视频里面的表演者是某外国喜剧演员的模仿者。图 2-12 所示为"Mr.Pea 逗逗先生"发布的创意视频。

图 2-12　"Mr.Pea 逗逗先生"发布的创意视频

2.2　4 种定位方法：助你运营一臂之力

什么是视频号定位呢？视频号定位就是为其运营确定一个清晰的方向，从而更好地运营视频号。

关于如何进行视频号的定位，笔者认为大家可以从 4 个方面进行思考，即根据自身专长定位、根据用户需求定位、根据内容稀缺度定位和根据品牌特色定位。

2.2.1　自身专长：满足运营者自我展示需求

对于拥有自身专长的人群来说，根据自身专长做定位是最为直接和有效的定位方法。每个人都有自我表达和展示的欲望，而根据自身专长定位能使得自我展示的需求得到实现。视频号账号运营者只需对自己或团队成员进行分析，然后选择某个或某几个专长进行账号定位即可。

例如，小阿七原本就是一位拥有动人嗓音的歌手，所以，她将自己的账号定位为音乐作品分享类账号，并直接命名为"小阿七"，简介写的是"用心唱歌的重庆姑娘"。她通过该视频号分享了自己的唱歌视频。图 2-13 所示为视频号"小阿七"发布的短视频内容。

图 2-13 "小阿七"发布的视频

又如，一位擅长做美食的视频号运营者，将自己的视频号定位为各种美食制作分享类账号，并将账号直接命名为"皮皮教做菜"。在这个账号中，运营者分享了大量制作料理的视频，如图 2-14 所示。

图 2-14 "皮皮教做菜"发布的视频

自身专长包含的范围很广，不管是唱歌跳舞，还是美食制作，或是其他的什么方面，只要你有一技之长，就可以拍视频发布在视频号上，去吸引流量，获得点赞和评论。

会玩游戏也可以成为专长。一名叫"张大仙"的游戏主播，将视频号定位为游戏视频分享类账号，并将账号命名为"张大仙"。因其发布的打游戏的短视频非常有趣味，所以吸引了大量喜欢玩游戏的人来观看。图 2-15 所示为其发布的视频号短视频。

图 2-15   "张大仙"发布的视频

由此不难看出，只要视频号运营者或其团队成员拥有专长，而且该专长的相关内容又比较受关注，那么，将该专长作为账号的定位，便是一种不错的选择。

2.2.2   用户需求：符合用户心理期待

通常来说，满足用户需求的内容会更容易受到欢迎，因为其符合用户的期待。因此，结合用户需求和自身专长进行定位也是一种不错的定位方法。

大多数女性都有化妆的习惯，但又觉得自己的化妆水平还不太高。这些女性通常会对美妆类内容比较关注。在这种情况下，视频号运营者如果对美妆比较擅长，那么，将账号定位为美妆号就比较合适了。

例如，视频号"认真少女颜九"的运营者本身就是入驻微博等平台的美妆博主，她便将自己的视频号账号定位为美妆类账号，持续为用户分享美妆类内容，如图 2-16 所示。

图2-16　"认真少女颜九"发布的视频

除了美妆之外，视频号用户普遍需求的内容还有很多，美食分享便属于其中之一。许多视频号用户，特别是比较喜欢美食的视频号用户，通常都会从一些美食分享者的短视频中寻找快乐。如果视频号运营者自身就喜欢吃，而且会吃、能吃，那么将账号定位为美食分享类账号就是一种比较好的选择。

比如，视频号"密子君"就是一个定位为美食分享的账号。在该账号中，账号运营者发布了诸多她吃东西的视频，以此获得视频号用户的关注、点赞或评论，如图2-17所示。

图2-17　"密子君"发布的视频

2.2.3　内容稀缺度：吸引用户持续关注

视频号运营者在给账号做定位时，如果能从相对稀缺的内容出发，则比较容易获得意想不到的效果。这类视频能给人耳目一新的感觉，给浏览者留下比较深刻的印象，甚至获得浏览者的持续关注。

例如，视频号"一个王茹"的运营者将其账号定位为搞笑类账号，发布的视频内容都是两姐妹的逗趣故事。图 2-18 所示为"一个王茹"发布的搞笑视频。大家看到这一类视频的时候，觉得特别贴近生活，而且能收获快乐。

图 2-18 "一个王茹"发布的视频

除了平台上本来就稀缺之外，视频号运营者还可以通过自身的内容展示形式，让自己的账号内容，甚至是账号，具有一定的稀缺性。

"双手魔术"是一个分享魔术视频的账号，但这个账号并不是发布单调的魔术表演，而是在其中加入了一些比较有意思的桥段，如图 2-19 所示。

图 2-19 "双手魔术"发布的视频

"汤达圆"是一个定位为分享猫猫日常生活的账号，经常发布以一只猫咪为主角的视频。如果只是分享猫猫的日常生活，那么只要养了宠物的视频号运营者便都可以做，"汤达圆"的独特之处就在于它结合小猫的表现进行了一些特别处理，加了很多后期，为小猫的内心做了字幕，整个视频就生动多了。

比如，当视频中的猫咪伸出爪子到处挠的时候，运营者会同步配上一些字幕，如图2-20所示。这样一来，猫咪要表达的就是字幕打出来的内容。而结合字幕和猫咪与主人在视频中的互动，就会让人觉得字幕恰到好处，小猫也显得相当调皮可爱。

图2-20 "汤达圆"发布的视频

宠物类视频不少，但像这种显得有些调皮、可爱的小猫却是比较少的。因此，这个视频号很容易就获取了许多人的持续关注。

2.2.4 品牌特色：获得用户价值认同

这是一个视频号企业号的定位方法。许多企业和品牌在长期发展过程中已经形成了自身的特色，如果根据这些特色进行定位，通常会比较容易获得视频号用户对其的价值认同。

根据品牌特色做定位又可以细分为两种方法。一是以能够代表企业的实物形象做账号定位，二是以企业或品牌的业务范围做账号定位。

"三只松鼠旗舰号"就是一个以能够代表企业的实物形象做账号定位的视频号。这个视频号会经常分享一些视频，将"三只松鼠"的卡通形象作为主角打造内容，如图 2-21 所示。

图 2-21　"三只松鼠旗舰号"发布的视频

熟悉"三只松鼠"这个品牌的人群，都知道这个品牌的卡通形象和 LOGO 是视频中的这三只松鼠。因此，"三只松鼠"的视频便具有了自身的品牌特色，而且这种通过卡通形象进行的表达更容易被人记住。

"猫眼电影"则是一个以企业或品牌的业务范围做账号定位的代表。一看"猫眼电影"这个名字就知道，其主要是从事与电影相关的业务。因此，该账号定位为电影信息分享账号。图 2-22 所示为该视频号发布的短视频。

图 2-22　"猫眼电影"发布的视频

在家慇疯了的小孩

在家慇疯了

♡ 257   💬 15

这哥们儿遛狗的时候到底经历了啥?!!

♡ 6   💬

愿你我都是自在如风的少年#公路咖啡#

♡ 68   💬 9

/第/ 3 /章/

账号运营: 打造专属于你的微信视频号

学前提示

对视频号有了基本了解, 那我们怎样拥有一个属于自己的视频号呢? 怎样更好地运营视频号呢? 这一章主要就是告诉大家怎样去申请视频号, 以及如何进行视频号的信息设置, 视频号有哪些基本功能。

要点展示

● 入驻须知——拥有属于你的视频号

● 信息设置——做好视频号"门面"功夫

● 基本功能——深入了解助力运营

3.1 入驻须知：拥有属于你的视频号

目前，微信视频号虽然已经开放，还处在初期发展阶段，但已有一部分用户申请注册了视频号，并且开始在视频号上发布自己的短视频或图片作品，分享自己的生活。

这一节来给大家介绍一下怎样拥有自己的视频号。

3.1.1 视频号入口：拥有大量曝光机会

视频号的入口就在微信的发现页面，其位置在朋友圈之下。如果微信用户在发现页面找不到视频号，有一种可能是微信没有更新到最新版本，可以先试着更新微信。

如果微信已经更新到最新版本，但是还找不到视频号入口，可以去微信通用管理页面中的发现页管理，找到视频号，然后将视频号入口打开，如图3-1所示。

图 3-1　视频号的入口

微信的日活跃用户数量庞大，而发现页可以说是除了聊天页之外，微信流量最大的页面，据统计，单是朋友圈的日活跃用户数就超过 7 亿。

这次，微信把视频号放在发现页第二的位置，无疑给视频号增加了大量曝光的机会，可见微信对视频号的重视。

3.1.2 视频号开通：创建专属视频号

视频号目前还处于内测阶段，有一部分微信用户收到了微信官方邀请开通视频号的信息，如图3-2所示。这部分收到开通信息的用户，可以根据微信发布的信息开通自己的视频号并且创建属于你自己的视频号。

图3-2 微信官方邀请开通视频号

还有一大部分用户是没有被微信官方邀请的，他们需要申请参与内测。用户可以发送邮件至 channels@tencent.com 申请内测资格，需要注意的是，并不是所有的申请都可以通过，微信官方会判断你是否能获得内测资格，所以发送邮件的时候需要提供正确的身份信息和比较优质的作品。

邮件的标题必须注明"视频号内测＋姓名或者主体名"，个人申请写姓名，企业或机构申请写主体名，如图3-3所示。

图3-3 发送申请内测资格邮件的标题

正文需提供身份信息，如微信号、个人或机构介绍，以及你在其他平台的账号名、粉丝数、互动数等录屏或者截图证明，所有信息必须真实有效，还可以在正文写上感谢的话。具体格式如图 3-4 所示。

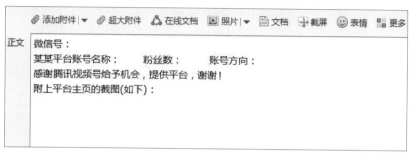

图 3-4　发送申请内测资格的邮件正文

邮件发送之后，就是等待微信官方的回复，有的回复快，有的回复慢，慢慢等待，只有收到微信官方的回复，才能进行接下来的步骤。收到微信官方回复之后，用户就可以根据信息内容进行操作。图 3-5 所示为微信官方的回复邮件。

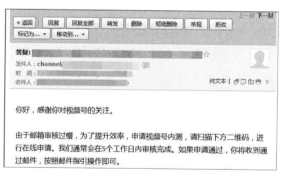

图 3-5　微信官方的回复邮件

一般收到的回复里面会有一个二维码，扫描二维码就会弹出"视频号开通申请"界面，如图 3-6 所示。根据提示填写完所有信息之后，还需要添加原创作品。作品中的图片不能超过 5M，视频不能超过 30M。

这些全部完成之后，点击下方的确定按钮就可以了。注意信息填写必须在 40 分钟内完成，不然此次申请就会失效。

关于视频号内测的问题，微信官方公布了微信用户申请并获得内测资格的具体流程和规则，如图 3-7 所示。用户可以先了解一下流程和规则，然后再进行具体的申请操作。

图 3-6　填写申请信息

图 3-7　申请内测的流程和规则

除了上面两种方法可以开通视频号外，视频号还有一种"邀请卡"的玩法。微信官方会随机送给一些视频号主 3 张邀请卡，这些视频号主可以利用邀请卡邀请 3 位微信好友开通视频号，注意与被邀请的微信好友认识必须超过 3 个月，如图 3-8 所示。

图 3-8　微信官方发送的邀请卡信息

视频号主点击微信团队发来的链接，收到邀请卡之后就可以进行接下来的步骤了。

步骤1 点击邀请链接，在打开的页面中可以看到引导说明和3张类似的带有二维码的海报，如图3-9所示。视频号主可以长按图片下载或者直接转发给未开通视频号的好友。

图3-9　视频号邀请卡

步骤2 微信好友在收到邀请卡之后，扫描海报中的二维码，会出现邀请开通视频号的页面，点击"开通视频号"按钮，如图3-10所示。

图3-10　朋友扫描邀请卡二维码开通视频号

步骤3 执行操作之后，会弹出填写信息的页面。信息填写前面已经讲过，就不再讨论了。信息填写完之后，点击确定，视频号显示开通成功，该用户便可以在视频号中发表自己的作品了，如图3-11所示。

图 3-11 视频号开通成功界面

还有一点需要说明，没有收到邀请卡的用户，扫描别人邀请卡上面的二维码是无效的，扫描之后只会显示"无资格邀请"。

3.1.3 视频号认证：获得更多平台推荐

视频号开通成功之后，达到认证要求的视频号可以申请认证，认证之后该视频号会获得平台更多的推荐，吸引更多的流量。接下来，笔者给大家介绍一下认证的步骤。

步骤 1 视频号用户进入视频号主页面后，点击上方的"个人中心"按钮，进入页面之后，再点击"我的视频号"下方的卡片，如图 3-12 所示。

图 3-12 如何找到自己的视频号账号

步骤2 执行操作之后，就会进入用户自己的视频号主页，点击"更多"按钮，如图3-13所示。

图3-13 个人视频号账号页面

步骤3 操作完成之后，进入设置界面，然后点击"认证"按钮，进入认证界面，如图3-14所示。

图3-14 进行视频号认证

步骤4 视频号用户根据自身需要可以选择"个人认证"或"企业和机构认证"选项。个人认证需要满足3个条件才可以申请，即近30天发表1个内容、粉丝100人以上、已填写简介，如图3-15所示。

图 3-15　个人认证界面

而企业认证值得注意的一点是，视频号可以用已经认证的公众号进行认证，如图 3-16 所示。

图 3-16　企业和机构认证界面

在认证过程中出现什么问题，可以放弃认证，不过要慎重考虑，因为认证的机会一年只有两次。认证完成后，个人号后边会出现黄色认证图标，企业或机构号后边会出现蓝色图标，如图 3-17 所示。

图 3-17　已经认证成功的视频号

3.2 信息设置：做好视频号"门面"功夫

用户开通视频号之后，就可以进行视频号封面图片、头像、简介、消息提醒等基本信息的设置。

这些基本信息就像是视频号的门面，是其他视频号用户进入你的账号主页首先会看到的东西，也能在一定程度上影响他们对你的视频号的看法。用户在设置的时候还是需要仔细琢磨，好好完善。

3.2.1　封面图片：增加账号主页美感

视频号用户想要账号页面比较美观，以吸引更多人关注，可以更换封面图片。首先找到自己的视频号账号主页（前面已经介绍过怎么找到自己的账号主页），在账号主页上方有一个"轻触设置视频号封面"按钮。

视频号用户想要设置封面或者更换封面，可以点击"轻触设置视频号封面"按钮。操作完成后，会出现"更换视频号封面""取消"两个选项。用户可以点击"更换视频号封面"按钮，进入本地相册，然后根据自己的喜好选择相片。不想换也可以点击"取消"，如图 3-18 所示。

图 3-18　视频号封面图片设置

3.2.2　头像设置：根据自己喜好而定

用户设置头像，也是先找到自己视频号的主页，在进入设置界面之后，点击"视频号名称"那一栏，就会进入资料界面，然后就可以进行视频号头像的设置，如图 3-19 所示。当然，该页面的其他内容也可以修改。注意，一般视频号的名字 1 年只可以修改两次，还有地区是根据微信定位，一般不用更改。

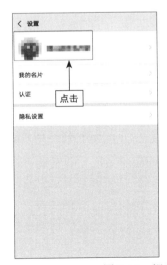

图 3-19　视频号头像设置

3.3.3 消息通知：加强与粉丝的沟通

视频号还有"消息通知"设置，"消息通知"可以在视频号用户的账号界面进行设置。在账号界面点击"铃铛"按钮，即可进入消息通知界面，该界面有评论、获赞和通知这3栏。

通过评论栏和点赞栏，视频号运营者可以在第一时间看到所发布作品的评论和点赞情况，方便其回复，加强与其他用户的互动。通知是视频号官方给你发的信息以及其他的一些通知，如图3-20所示。

图 3-20　视频号的消息通知

3.3 基本功能：深入了解助力运营

视频号目前的功能并不算多，最主要的功能有4个：关注的视频号，互动过的动态，隐私设置，我的名片。相信随着视频号的发展，功能方面也会越来越完善。笔者在这一节主要讲一讲上述4个基本功能，帮助大家深入了解视频号，更好地运营视频号。

🗨 3.3.1 关注的视频号：留存喜爱的用户便于下次找到

视频号用户通过视频号页面进入"个人中心"页面，就可以看到"关注的视频号"一栏。点击之后会弹出新界面，在该界面可以看到自己所关注的视频号，想要进入哪一个视频号的主页，就点击该视频号，如图 3-21 所示。

图 3-21 关注的视频号

🗨 3.3.2 互动过的动态：记录给别人的点赞与评论

"互动过的动态"与前面讲的"关注的视频号"在同一界面，视频号运营者进入个人中心后就可以看到该界面。

视频号运营者点击"个人中心"页面中的"互动过的动态"按钮，进入下一个界面，就可以看到自己曾经互动的视频号。点击视频号头像，会弹出该视频号的主页，并且可以观看他所发布的全部视频内容，如图 3-22 所示。

图 3-22　互动过的动态

3.3.3　隐私设置：拉黑讨厌的用户

视频号还提供了隐私设置，用户进入设置界面之后，点击"隐私设置"按钮，弹出黑名单界面，如图 3-23 所示。

图 3-23　视频号的隐私设置

点击"黑名单"，就会看到黑名单里面的视频号，这些视频号是视频号用户自己拉黑的，拉黑之后就无法与这些视频号再进行互动，如果想要重新互动，将其踢出黑名单即可。

🗨️ 3.3.4 我的名片：生成专属二维码

"我的名片"功能在设置界面（前文中已经介绍了进入设置界面的步骤），点击"我的名片"按钮，进入"个人名片"界面，就可以看到一个专属于该视频用户的二维码名片，如图 3-24 所示。

图 3-24　视频号用户名片

点击该界面右上方的按钮，既可以将名片保存到相册，也可以通过微信聊天界面直接推送给微信好友。收到名片的好友可以通过长按或者扫描二维码，关注该视频号。

视频号运营者要善于利用名片，因为其他用户通过扫描你的二维码关注你的视频号，是导流和变现的重要方式，这个问题我们后面会讲到。

爆款打造篇

/第/4/章/

内容选择：让你的视频号内容赢在起点

学前提示

视频内容是视频号的灵魂，内容选择对了，你的短视频引流就赢在了起点。那视频号的内容要如何进行选择呢？这一章笔者就来重点回答这个问题。

要点展示

● 5个基本方法：持续生产优质内容

● 8种热门内容：时刻保持敏锐嗅觉

● 5个内容选择技巧：快速提高内容推荐概率

5个基本方法：持续生产优质内容

生产优质内容是做好视频号的关键，所以选择什么样的内容就显得尤为重要，运营者千万不要在选择内容上偷懒。

相当部分的视频号运营者都希望自己发布的短视频能上热门，却不知道选择发布什么样的内容。这一节就来聊聊视频号怎样选择内容比较容易吸引更多的流量。

视频号运营者要想打造爆款视频，除了前面章节说过的那些原则和方法，还得掌握内容生产方法。笔者收集整理了5种内容生产方法，希望能帮助运营者快速产出优质又热门的内容。

这5种方法是原创法、搬运法、嵌套法、模仿法、扩展法。

4.1.1 原创法：紧跟账号定位，把握原创方向

有短视频制作能力的视频号运营者，制作并发布原创视频是最好的选择。很多视频号运营者开始做短视频原创时，不知道该拍摄什么内容，其实内容的选择没那么难，大家可以从以下几方面入手。

- 可以记录你生活中的趣事。
- 可以学习热门的舞蹈，如手势舞等。
- 配表情系列，展示丰富的表情和肢体语言。
- 旅行记录，将你所看到的美景通过视频展现出来。
- 根据自己所长，持续产出某方面的内容。例如，视频号"赵小黎"的运营者就是通过持续产出高质量的艺术创作类短视频来吸引粉丝关注的，而且视频在绘画的基础上会加入其他元素，这样视频就不会因重复度过高导致观众审美疲劳。图4-1所示为"赵小黎"发布的在一块废弃旧门板上作画的视频。

另外，我们也可以换位思考下，如果我是其他的视频号用户，会希望在刷短视频的时候看到什么内容？即使不换位思考，也可以回顾下，我们在平

时刷视频的时候爱看什么内容的?

搞笑的内容肯定是爱看的,如果一个人拍的短视频内容特别有意思,用户绝对会点赞和转发,还有情感的、励志的等,如果内容能够引起用户的共鸣,那么用户也是会愿意关注的。

运营者自己原创内容就需要有比较大的脑洞,最好是不落俗套,能把平常的东西拍出不一样的意义。也就是说不管是什么样的原创视频都至少要有一个亮点,能让观看短视频的用户眼前一亮。

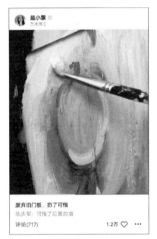

图4-1 "赵小黎"的原创视频内容

视频号运营者如果能持续产出优质的原创视频,是非常有利于视频号运营的。

上面的这些内容属于广泛关注的,还有细分的。例如,某个用户正好需要买车,那么关于鉴别车辆好坏的视频就成为他关注的内容;再例如,某人比较胖,想减肥,那么减肥类内容他就会特别关注。

人们关注的内容,就是创作者应该把握的原创方向。视频号运营者选择什么领域,就做这个领域人群关注的内容。

🗨 4.1.2 搬运法:改编他人视频,强化账号风格

搬运法并非直接将视频搬运过来,发布到微信视频号平台上。运营者将视频搬运过来之后,要适当进行改编,在原视频基础上增加自身的原创内容,使得视频有自己的账号风格。

图 4-2 所示，为视频号"烤山药搞笑配音"发布的短视频。该账号的运营者就是搬运了网络上的视频，然后在原视频基础上进行了重新配音，并打上了对应的字幕。

图 4-2 在搬运视频中加入方言配音和字幕

视频本来的内容只是几个人在荡秋千，对观众并没有什么吸引力。但是，该视频的运营者加入了自己的原创内容后，视频就变得更有趣味了。视频号用户看到视频之后觉得非常有趣，纷纷点赞、评论。

需要特别注意的是，最好不要搬运他人在视频号中发布的视频，尤其是直接搬过来不做任何改变就发布。一般这种直接搬运的视频是不会成为爆款视频的，甚至还会被微信视频号平台限流。

而且有些视频点赞多，可能是那个账号本来就有比较大的流量，但其实视频不一定有多精彩，盲目搬运过来直接发布，对自己视频号账号的运营和吸引用户关注作用并不是很大。

运营者在搬运视频的时候还有一个需要注意的问题，就是版权问题，并不是所有的视频都可以搬运，如有必要可以联系原视频发布人，了解具体情况后根据对方的要求去做。

4.1.3 嵌套法：借助已有模板，制作爆款视频

嵌套法就是通过借助已有的模板打造视频内容。已有的模板一般为大家

所熟悉的或者经典的模板。

图 4-3 所示，为视频号"点子王"发布的一个短视频。该视频就是运用一部经典喜剧电影的模板打造的视频内容。因为这个电影桥段非常经典和搞笑，该运营者加上自己的创意和后期之后，该短视频变得更加精彩，所以发布之后得到了很多好评。

图 4-3   运用嵌套法打造的短视频

嵌套法的优势就在于，只需将自身视频内容嵌入模板，就能快速打造出一条新的视频，而且运营者新增的内容与模板中原有的内容还能快速产生联系。

4.1.4   模仿法：模仿热点内容，获得更多曝光

模仿法就是根据各种短视频平台上已发布的短视频，依葫芦画瓢地打造自己的视频，可以是模仿视频中的人物，也可以是模仿视频的内容风格，这种方法常用于已经形成热点的视频。

比如，卖货达人、"口红一哥"李佳琦红了之后，网络上就出现很多模仿李佳琦语气说话的网友，有一些账号运营者就根据这一热点，把模仿的视频发布到视频号上面。像账号"戏精赖小米"就发布了模仿李佳琦直播卖口红的视频，获得了不少网友的点赞，如图 4-4 所示。

图 4-4　运用模仿法拍摄的短视频

也就是说，一旦热点形成，模仿与热点相关的内容会更容易获得关注。尤其是用户在搜索相关内容时，你的视频有很大概率会被一并推荐给用户，从而获得更多的曝光。

4.1.5　扩展法：扩展他人内容，产出新的原创

扩展法就是在他人发布内容的基础上，适当进行延伸，从而产生出新的原创性内容。与模仿法相同，扩展法参照的对象也以各种短视频的热点内容为佳。

比如，有一段时间《牧马人》这部电影突然在各种短视频平台上火了，许多人对电影中的一句台词"老许，你要老婆不要？"记忆深刻。于是，短视频运营者开始结合这句台词，根据自身情况，打造了"老×，你要三胎不要？"的短视频，如图 4-5 所示为某短视频平台发布的内容。

图 4-5　运用扩展法拍摄的短视频

这种视频透露着幽默搞笑的成分，同时又与大多数家庭的现实息息相关，获得了不少用户的喜欢和转发。这种类型的短视频也同样适用于微信视频号，能够快速吸引一些视频号用户围观。

4.2 8种热门内容：时刻保持敏锐嗅觉

做视频号的运营对于那些爆款产品一定要时刻保持敏锐的嗅觉，及时去研究、分析、总结它们成功背后的原因。不要一味地认为那些成功的人都是运气好，而要思考和总结他们是如何成功的，多积累成功的经验，站在"巨人的肩膀"上，你才能看得更高、更远，才更容易超越他们。

下面笔者总结了短视频的8大热门内容类型，提供给大家作为参考，希望能够帮助大家创作出优秀的短视频。

4.2.1 才艺展示：赏心悦目，易上热门

才艺包含的范围很广，除了常见的唱歌、跳舞之外，还包括摄影、绘画、书法、演奏、相声、脱口秀等。只要视频中展示的才艺足够独特，并且能够让视频号用户觉得赏心悦目，那么，视频很容易就能上热门。

下面笔者分析和总结了一些短视频"大V"们不同类型的才艺内容，看看他们是如何成功的。

1. 演唱才艺

听音乐是大家都喜欢的放松方式，所以在视频号上那些唱歌非常好的博主，账号粉丝都比较多。这类视频拍摄比较简单，但是对歌唱水平有一定的要求。

例如，近段时间在网上比较火的姑娘戴羽彤，不仅颜值很高，而且声音甜美。她本身学的是美声，唱歌实力就非常强，之前还参加了湖南卫视一档综艺节目的录制，得到了不少网友的喜爱。戴羽彤将她在街头唱歌的视频发布在网上，从默默无闻到拥有千万粉丝的音乐博主，前途不可限量。图4-6所示为视频号"戴羽彤"发布的唱歌短视频。

图 4-6 "戴羽彤"的相关短视频

2. 舞蹈才艺

才艺展示是塑造个人 IP 的一种重要方式。而 IP 的塑造，又可以吸引大量精准的视频号粉丝，为 IP 的变现打下良好的基础。因此，许多拥有个人才艺的视频号运营者，都会注重通过才艺的展示来打造个人 IP。

如图 4-7 所示，"舞者浩天"的运营者就是通过发布他的舞蹈视频来吸引流量。视频中的主人公会到各地进行表演，有在农村的，也有在城市的，还有在国外的。虽说都是跳舞，但是地点不同，每次的视频就会给人带来耳目一新的感觉。视频中的男生也因此获得了很多粉丝，成为小有名气的网络红人，随着粉丝的增多，未来可期。

图 4-7 "舞者浩天"发布的视频号短视频

3. 演奏才艺

对于一些学乐器的，特别是那些在乐器演奏上取得了一定成就的视频号运营者来说，发布其展示演奏才艺的视频内容是一个很好的获得关注的方式。一般来说，只要演奏视频足够精彩，便能快速吸引大量视频号用户的关注。如图 4-8 所示，该视频号发布的短视频就是通过演奏才艺来吸引用户关注的。

很多乐器演奏者走红，是因为有网友把他们在街头表演的短视频发布到网上，表演精彩者甚至会引起热议，这样演奏者也会随之而红。

图 4-8　通过演奏才艺吸引关注

4.2.2　技能传授：新奇实用，常上热门

许多视频号用户是抱着猎奇的心态刷短视频的。那么，什么样的内容可以吸引这些用户呢？其中一种就是技能传授类内容。

技能包含的范围比较广，既包括各种绝活，也包括一些小技巧，其中比较实用又简单的小技巧更容易获得视频号用户的喜爱。像有些手艺人会把自己制作小玩意的视频发布在视频号上，这些小作品做法比较简单，又好看实用，自然而然就获得了不少的关注，如图 4-9 所示。

图 4-9　通过短视频技能传授吸引众人关注

视频号中也有很多技能是需要长期训练的，普通用户不可能轻松掌握，但只要你的技能够精彩，够新奇，便有人愿意看。

其实，除了那些难以掌握的技能之外，视频号运营者更多的是在视频中展示一些普通用户学得会、用得着的技能。许多爆红短视频的技能便属此类，如图4-10所示。

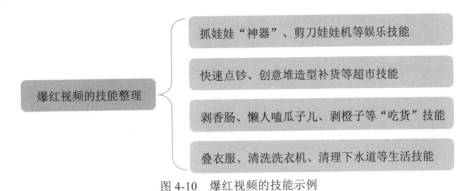

图4-10 爆红视频的技能示例

与一般内容不同，技能类内容能让一些普通视频号用户觉得特别新奇。如果这些视频中的技能在日常生活中用得上，就会有人收藏，甚至将视频转发给亲戚朋友。只要你在视频中炫的技能在普通用户看来是实用的，播放量通常会比较高。

4.2.3 美景美食：沁人心脾，稳上热门

关于"美"，从古至今有众多与之相关的描述，如沉鱼落雁、闭月羞花、倾国倾城等，除了表示漂亮外，还强调了因漂亮所产生的效果。可见，颜值高，还是有一定影响力的，有时甚至会起决定性作用，毕竟人们常说"爱美之心，人皆有之"。

这一现象同样适用于视频号内容打造。当然，这里的"美"并不仅仅指人，它还包括美景、美食等。

从人的方面来说，除了先天条件比较优秀外，想要变美，有必要在自己所展现出来的气质形象和妆容上下工夫：穿着干净整洁，让自己看起来显得精神，有神采，而不是一副颓废的样子，这样也是能明显提升颜值。可以不必浓妆，但是化一点淡妆，整个人的气色会好很多。

从景物等方面来说，完全可以通过其本身的美再加上高深的摄影技术，

如精妙的画面布局、构图和特效等，打造一个高推荐量、高播放量的短视频文案。图 4-11 所示为美景的相关短视频内容。

图 4-11　关于美景的短视频

从美食等方面来说，运营者发布的视频可以是吃播，也可以是美食制作等。吃播就是运营者以介绍美食为主，边吃边给网友描述食物的味道和口感，这样会激发观看者的食欲。吃播视频在各个短视频平台都比较火，而且其拍摄相对简单。

还有一些视频号运营者将自己制作美食的短视频发布出来，满足了网友想要学习美食制作的需求。图 4-12 所示为视频号运营者在视频号上发布的美食制作的短视频。

图 4-12　关于美食制作的短视频

各种各样的短视频平台为许多景点带来了发展机遇，许多景点甚至是城市也开始借助这些短视频平台来打造属于自己的IP。

比如，许多人在听了赵雷的《成都》之后，会想去看看"玉林路"和"小酒馆"的模样；许多人看到摔碗酒的视频之后，会想去西安体验大口喝酒的豪迈；许多人在网上看到重庆"穿楼而过的轻轨"时，会想亲自去重庆体验轻轨从头上"飞"过的奇妙感觉。

微信视频号未来的发展也会为城市找到新的宣传突破口，城市中每个具有代表性的吃食、建筑和工艺品都会被高度提炼，配以特定的音乐、滤镜和特效，打造一个个视频，并在视频中设置地点。网友看到视频之后，如果想要亲自体验，就会到对应地点打卡。

4.2.4　幽默搞笑：笑点十足，定上热门

幽默搞笑类内容一直都不缺观众。许多用户之所以经常刷短视频，主要就是因为有很多内容能够逗人一笑。所以，那些笑点十足的短视频，很容易在无数个短视频中脱颖而出。

图4-13所示，为视频号"凉凉同学"发布的短视频。视频中的姐姐为了整蛊自己的弟弟，便要求弟弟穿自己的女装，弟弟开始是拒绝的，然后姐姐就"甩"给弟弟100块钱，弟弟立马笑嘻嘻地答应了。

图4-13　幽默搞笑型短视频

整个短视频的节奏轻松搞笑，不管是弟弟对穿女装的前后态度，还是弟弟穿上女装的样子，都让人忍不住大笑，自然也就收获不少视频号用户的喜爱。搞笑类短视频一直都是各个短视频平台用户比较中意的内容类型，所以持续发布高质量的搞笑短视频能够帮助账号俘获不少的粉丝。

4.2.5　知识输出：有趣专业，会上热门

知识输出类短视频在各短视频平台上也是比较受欢迎的，试想如果看完你的某短视频之后，能够获得一些知识，而且这些知识对你是非常实用的，那为什么不去关注呢？所以，视频号运营者可以发布一些知识类视频来吸引流量。

例如，考驾照这件事对于一部分人来说是比较难的，考好几次考不过的大有人在，视频号"秒变老司机"为这些学车难的人提供了更简单的学车方法。该账号发布的视频有趣不枯燥，知识点简单明了。视频中有错误的示范和正确的示范，还有开车时需注意的事项，以及各种可能遇到的小问题，更方便学车者学习到各种实操的要点，如图 4-14 所示。

图 4-14　"秒变老司机"发布的相关短视频

4.2.6　帅哥美女：迎合审美，必上热门

因为视频号尚在发展初期，粉丝数据暂时还不稳定，笔者就先以抖音为例来看"帅哥美女"对短视频流量的影响，这一点也适用于微信视频号。

图 4-15 所示为费启鸣的抖音账号。费启鸣是一位长相清秀的男生，最开始在网络引起关注是因为他在网上发布的一个跳手指舞的视频，当时很多网友就因为他的颜值高而喜欢上了他。他发布的视频内容比较多样，有唱歌的、跳舞的、恶搞的视频，也有记录日常生活的视频，都获得很多点赞。

图 4-15 "费启鸣"的抖音账号

图 4-16 所示，为朱容君 - 兔子牙的抖音账号。兔子牙不仅长相清纯，而且唱歌好听，她发布的短视频基本以唱歌为主，收获了相当多粉丝的喜爱。

图 4-16 "朱容君 - 兔子牙"的抖音账号

这两个账号的粉丝数差不多，都已经突破千万。虽然两人发布的内容不同，但是长相都比较出众，因此观看他们视频的人比较多，两个人发布的视频获得的累计点赞数均超过了 1 亿，有部分抖音用户还成为他们的"铁杆粉丝"。两人借助短视频走红之后，也开始参加综艺节目的录制，比如两人都去过《快乐大本营》，这也是对他们的一种肯定。

不难看出，颜值是短视频营销的一大利器。只要长得好看，即便没有过人的技能，随便唱唱歌跳跳舞拍个视频也能吸引一些粉丝。这一点其实很好理解，毕竟谁都喜欢好看的东西。很多人之所以刷各类短视频，并不是想通过这些视频学习什么，而是借助其打发一下时间，看一下帅哥、美女本身就是一种享受。

4.2.7　游戏娱乐：兴趣爱好，可上热门

打游戏是现在年轻人比较喜欢的休闲方式，因此出现了一批很有人气的游戏主播。游戏主播也会在视频号上发布一些玩游戏的或者其他的有趣内容分享给他们的粉丝，"张大仙"就是比较有名的游戏主播。图4-17所示为游戏主播"张大仙"在视频号上发布的短视频。

图4-17　游戏主播"张大仙"发布的短视频

微信视频号上年轻用户较多，这种游戏娱乐类视频是比较受欢迎的。

4.2.8　信息普及：具有价值，也上热门

有时候专门拍摄短视频内容比较麻烦，如果视频号运营者能够结合自己的兴趣爱好和专业，就部分大众比较关注的方面进行信息普及，那么短视频的制作就会容易得多。而且如果你普及的内容具有收藏价值，视频号用户也会很乐意给你的短视频点赞。

例如，视频号"QQ音乐"主要是对音乐信息进行普及，收集各种好听的、好玩的音乐然后发布在视频号上。图4-18所示为QQ音乐发布的好玩的音乐视频。

图4-18 QQ音乐发布的好玩的音乐视频

又如，"手机摄影训练营"主要是对摄影技巧进行普及。图4-19所示为手机摄影训练营发布的视频号内容。因为音乐和摄影都有广泛的受众，而且其分享的内容对于视频号其他用户也比较有价值，发布的短视频自然得到了不少用户的支持。

图4-19 "手机摄影训练营"发布的短视频

 ## 5个内容选择技巧：快速提高内容推荐概率

虽然每天都有成千上万的视频运营者将自己精心制作的视频上传到平台上，但被推荐成为热门的视频却寥寥无几。到底什么样的视频可以被推荐？本节将介绍视频号短视频上热门的常见技巧。

📮 4.3.1 传达正能量：触及用户内心，收获点赞

什么是正能量？百度百科给出的解释是：一种健康乐观、积极向上的动力和情感，是社会生活中积极向上的行为。接下来，笔者将从 3 个方面结合具体案例进行解读，让大家了解什么样的内容才是正能量的内容。

1. 好人好事

好人好事包含的范围很广，它既可以是见义勇为，为他人伸张正义；也可以是拾金不昧，主动将财物交还失主；还可以是看望孤寡老人，关爱弱势群体，如图 4-20 所示。

图 4-20 好人好事的相关短视频

视频号用户在看到这类视频时，会从那些做好人好事的人身上看到善意，感觉到这个社会的温度。同时，这类视频很容易触及观看者柔软的内心，让浏览者看后忍不住想要点赞。

2. 文化内容

文化内容包含了书法、乐趣和武术等，这类内容在视频号上有较强的号召力。如果视频号运营者有文化内容方面的特长，可以用发布短视频的方式展示给其他视频号用户，让他们感受到文化的魅力。

例如，图 4-21 所示的视频中，运营者便是通过展示书法写作来让快手用户感受文化魅力的。

图 4-21 弘扬正能量的短视频

3. 努力拼搏

当用户看到视频中那些努力拼搏的身影时，会感受到满满的正能量，这会让其在深受感染之余，从内心产生一种认同感。而在视频号中表达认同最直接的一种方式就是点赞，因此，那些传达努力拼搏精神的视频，加上比较励志优秀的文案，通常比较容易获得较高的点赞量。图 4-22 所示，为努力拼搏类的相关短视频。

图 4-22 努力拼搏的相关短视频

💬 4.3.2 发现美好生活：记录日常点滴，赢得关注

生活中处处充满美好，缺少的只是发现的眼睛。用心记录生活，生活也会时时回馈给你惊喜。下面我们来看看这些视频号上的达人是如何拍摄生活中的片段，来赢得大量粉丝关注的。

有时候我们在不经意间可能会发现一些平时看不到的东西，或者创造出一些新事物。此时，这些新奇的事物便有可能会显得非常美好。

例如，有的视频运营者用孩子不要的玩具制作成了可以挂衣服的架子，非常美观和实用。简简单单的几招就可以变废为宝，这便是创造了生活中的美好，如图 4-23 所示。

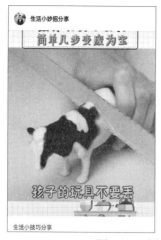

图 4-23　创造生活中的美好

生活当中的美好涵盖面非常广，只要你有一双善于发现美的眼睛，那些简单的快乐也会让人心生向往。

例如，图 4-24 所示的视频中，一位男子独自生活在风景如画的地方，过着简单而知足的生活，每天日出而作，日落而息。就是这种简单的快乐，却也呈现出生活当中美好的一面。

图 4-24　远离城市喧嚣的简单快乐

4.3.3　融入个人创意：打造有趣视频，勾起兴趣

俗话说"台上十分钟，台下十年功"，视频号上有创意和脚踏实地的短

视频内容从不缺少粉丝的点赞和喜爱。

短视频运营者也可以结合自身优势打造创意，使视频变得有趣生动。例如，视频号"做个东西"的运营者是一名手工艺者，他拍摄了一条展示如何制作绵羊灯的短视频。其他视频号用户看到该短视频后纷纷点赞留言，表示想跟着学手艺，还希望短视频能持续更新。图4-25所示为该视频号发布的短视频。

图4-25 展示绵羊灯的制作

📱 4.3.4 紧跟热点话题：丰富内容形式，吸引眼球

很多视频号发布的都是原创内容，在制作方面花了不少心思，却得不到系统的推荐，点赞和评论都很少，这是为什么呢？

一条视频想要在视频号上火起来，除天时、地利、人和以外，还有两个重要的"秘籍"，一是要有足够吸引人的全新创意，二是内容的丰富性。要做到这两点，最简单的方法就是紧抓热点话题，丰富自己账号的内容形式，展示更多的新创意新玩法。

例如，有段时间网课特别火，老师纷纷当起了"网络主播"。papi酱就紧抓这一热点在微信视频号上发布了一个吐槽短视频，内容是老师和主播的各种比较，视频风格还是延续papi酱以往的逗趣风格。视频发布之后，引起很多微信视频号用户的共鸣，他们纷纷点赞留言。如图4-26所示为papi酱在视频号发布的视频号短视频。

图 4-26 "papi 酱"发布的视频号短视频

4.3.5 设计反转剧情：出乎用户意料，博得喜爱

拍摄短视频时，出人意料的反转往往能让人眼前一亮。在拍摄时要打破惯性思维，使用户在看开头时猜不透结局。当看到最终结果时，豁然开朗，忍不住为其点赞。

例如，"一个王茹"发布的一个短视频，刚开始的时候妈妈看见其中一个姑娘被绑在椅子上，另一个姑娘还堵住她的嘴巴，不让她说话。妈妈生气地将那个穿深色衣服的姑娘推开，把浅色衣服姑娘嘴里的东西拿掉，拿掉之后发现浅色衣服姑娘喋喋不休，说个没完，就又给她塞回去了，如图 4-27 所示。

图 4-27 "一个王茹"发布的短视频

又如，视频号"优秀兄弟"发布的这个短视频，开始时老公恶狠狠地凶自己的老婆，说开的车子、住的房子都是他买的，老婆挨骂和挨打都得受着。看到这里的时候心里多少有点不舒服，觉得男人怎么可以这么对自己的老婆呢？

看到后面才知道，原来这都是这位妻子平时骂这位老公的话，结尾反转之神速。视频下面还有用户评论："剧情都反转了我还没有转过来。"如图 4-28 所示。

图 4-28 "优秀兄弟"发布的短视频

短视频的这种反转剧情出乎观看者意料，最后结果出来时，大家都被逗乐了。这类短视频是比较受用户喜欢的。

「手机拍摄小技巧」手机要拍好视频，这些实用运镜技巧你必须得掌握！！！

不好意思，后面是我的双胞胎妹妹#甩头换服装#

「手机拍摄小技巧」手机要拍好视频，这些实用运镜技巧你必须得掌握！！！

/第/ 5 /章/

视频创作：轻松提升视频号的内容质量

学前提示

视频号运营最关键的环节就是短视频内容的创作，没有好的内容做支撑，视频号运营很难长久。

这一章，笔者就以视频创作为例，说一说如何提升视频号的内容质量，达到吸引更多用户关注的目的。

要点展示

- 前期创作：确保内容精彩
- 后期处理：提升视频质量

前期创作：确保内容精彩

视频号运营者在自己的账号上发布一分钟以内的短视频很简单，但是要想让发布的短视频得到视频号平台更多的推荐，从而吸引更多用户观看和点赞，就需要花费一些心思了。

我们在前一章中讨论了内容选择，这一章就来聊聊前期创作，内容精彩是吸引用户关注的基础。

5.1.1　视频原创：5大玩法玩转视频创作

如果你喜欢刷短视频，就会发现生活中处处是达人。这也就意味着，只要有条件，"素人"完全可以变成"网红"，甚至明星。

微信视频号的快速发展，根本上还得益于如今的客观大环境，全民娱乐的信息时代，一切皆有可能。对于视频号运营者来说，想要将视频号运营好，在视频号上发布原创视频是最好的选择。下面笔者为介绍短视频原创内容的5大玩法，大家可以参考和借鉴。

1.技术流

所谓的"技术流"，包括各种技术，如舞蹈、视频特效、手工、厨艺等。凡是有以上特长体现的视频，十有八九都会被二次传播。"技术流"常见的技巧包括transition、运镜、转场、剪辑和特殊技巧等。

transition的中文意思是"变换"，很多短视频都是运用多组镜头和特效变换合成的，中间充满了各种"变换"效果，看起来会非常炫酷。制作transition类型的视频需要一定的视频制作基础，要熟练运用一些剪辑视频的软件、渲染特效的软件以及图片处理软件。

2.音乐类

音乐类短视频玩法可以分为原创音乐类、跟随歌词进行舞蹈和剧情等创作的演绎类，以及对口型表演类。

（1）原创音乐类：原创音乐技术要求高，需要用户具备一定的创作能力，能写歌或者会翻唱改编等，这里我们不做深入讨论。

（2）跟随歌词进行舞蹈和剧情创造类：音乐类的这种舞蹈，更加偏向于情绪的表演，注重情绪与歌词的关系，对于舞蹈的力量感等专业性的要求不是很高，对舞蹈功底也基本没有要求。

例如，音乐类手势舞，用户只需用手势动作和表情来展现歌词内容，将舞蹈动作卡在节奏上即可。

（3）对口型表演类：对口型表演类的玩法难度更高一些，因为用户既要考虑情绪的表达，还有口型的准确性要求。

所以，在录制的时候，可以先选择开启"快"速度模式，然后你对口型的这个音乐就会变得很慢，可以更准确地对口型。同时，要注意表情和歌词要配合好，每个时间点出现什么歌词，你就要做什么样的口型。

3. 舞蹈类

除了比较简单的音乐类手势舞外，视频号上还有很多比较专业的舞蹈视频，包括个人、团队、室内以及室外等类型，都讲究舞蹈动作与音乐节奏的配合。

例如，比较热门的舞蹈类型有"嘟拉舞""panama 舞""heartbeat 舞""搓澡舞""seve 舞""BOOM 舞""98K 舞"以及"劳尬舞"等。舞蹈类玩法需要用户具有一定的舞蹈基础，同时比较讲究舞蹈的力量感，这些都是需要经过专业训练的。

4. 科普类

视频号的主流内容玩法依然是音乐、创意和各种搞笑类视频，同时也出现了很多正能量视频和科普类教育类作品，如育儿知识、养生课堂以及健身科普等领域的内容越来越多。

5. 情感类

视频号上的情感类短视频玩法，主要是将情感文字录制成语音，然后配合相关的视频背景来渲染情感氛围。更专业的玩法是拍一些情感类剧情故事，这样会更具感染力。另外，情感类短视频的声音处理非常重要，用户可以找专业录音公司帮忙转录，从而让观众深入情境之中，产生极强的共鸣感。

5.1.2　爆款视频：5大原则拍出满意效果

刷短视频是现在流行的休闲方式，有越来越多的人开始自己拍摄和发布短视频。不管是为了记录生活，还是为了变现，运营者都会希望自己的视频能得到更多用户的关注、点赞和评论。如何拍出爆款视频呢？本节为大家介绍 5 个拍摄原则。

1. 确定好短视频内容风格

一般来说，在短视频拍摄之前需要做好整体构思，确定短视频的主体内容风格。例如，颜值高的用户，可以选择"刷脸""卖萌"或者"扮酷"来展现自己的优势；拥有一技之长的用户，可以充分利用一分钟的时间来展示自己的才华；擅长幽默搞笑的用户，可以创作一些"戏精类"内容，展示你的搞怪表演天赋。总之，不管是哪种风格，找到最适合自己的风格即可。

2. 练好平稳运镜的基本功

大部分视频号运营者都是没有专业拍摄团队和拍摄工具的，但是，对于拍摄短视频来说，平稳运镜是非常重要的。特别是快速镜头的运用，如果画面不平稳，用户看起来会很吃力。为了让短视频中的画面显示更为平稳，用户在拍摄时最好将手臂伸直，想象你的手臂就是一个机械臂，保持平稳移动，让画面更加流畅。

自己用手机拍摄时，运镜的主要技巧就是用手控制手机，手往哪边移动，手机就要往哪边移动。建议大家先从最基础的运镜开始学，可以在网上搜索"运镜教程"，先跟着练习一番，如图 5-1 所示。

图 5-1　学习视频拍摄的运镜技巧

3. 用动作卡好短视频节奏

由于视频号中的配乐以电音、舞曲为主，所以视频大致可以分为两派，即舞蹈派和创意派，共同的特点是都很有节奏感。

如果是提前拍摄的视频，后期再配音，把握不好节点怎么办？很多用户都有这样的烦恼，因为有一些背景音乐是存在转折点的。如果自己的动作或场景切换等和这些音乐节点合不上怎么办？方法是拍摄时间长一点的视频，尽量使得节点位置在中间，这样视频前面和后面的内容就可以剪掉一些，保证节点不消失。

如果是先录制好背景音乐，那么音乐中的节奏在视频中也占有一定的地位。你可以用动作卡节拍，也可以用转场卡节拍，只要节拍卡得好，视频也能获得很好的效果。因此，节奏的把握非常重要，用户可以多观察各短视频平台的热门视频，借鉴其他运营者的经验来提高自己作品的拍摄质量。下面介绍两个卡视频节奏的技巧。

- 一是尽量把动作放在音乐节奏的重音上面。
- 二是要挑选和视频内容相符的音乐。

例如，如果音乐中有开枪的声音，用户也需要做出打枪的动作；如果有翻书的声音，用户也跟着做翻书的动作。当然，声音和动作不一定要配合一致，也就是说有翻书的声音不一定非要做翻书的动作，也可以是和翻书同频率地抖肩。这一部分的关键还是配合着音乐，卡好你的动作。

4. 转场时参照物保持不变

短视频可以分段拍摄，其中段落与段落、场景与场景之间的过渡或转换，就叫作转场。在视频号经常看到很多"变装"和化妆之类的视频，都用到了转场技巧。最常用的转场方法就是用手或其他顺手的东西去遮挡镜头，再挪开，非常简单易学，适合化妆类短视频内容的转场。

具体的操作方法为：开始拍摄一段人物画面，然后用手遮挡镜头并暂停拍摄；接着完成妆容，再把手放回摄像头的位置，点击继续拍摄，最后把手挪开，拍摄化妆后的人物画面效果。

在视频转场时，除了你要变换的东西以外，其他参照物尽量保持不变。如果参照物是人，那么这个人的表情、动作和拍摄角度，在画面中占的比例都要尽量不变。如果用户想做出"秒换服装"的效果，就必须做到除了服装款式以外，屏幕内的其他元素都不变，如图 5-2 所示。

图 5-2 "秒换服装"案例

同样的，如果用户想换一个背景，就以上一个场景的最后一个动作作为下一个场景的开始动作来继续拍摄。

例如，用户在上一个场景结束时，伸出右手手掌，从右往左平移到中间挡住摄像头，然后视频暂停。那么，用户在拍摄下一个场景时，就要从右手手掌在中间挡住摄像头的这个画面开始继续拍摄。

上面这几种方法都是比较基础和简单的，用户可以结合短视频里的运镜达人的视频，多模仿和练习。同时，用户还可以更换例子里面的元素，利用好分段拍摄的功能，发散思维，做出更多酷炫的效果。

5. 善于运用小道具和后期

一段普通的视频很容易被淹没，若想获得更多关注，一定要提高视频质量和品位，这就需要掌握更复杂的后期玩法。除了前期的拍摄，视频的呈现效果还取决于善于运用滤镜和后期，所以视频号的成功运营也是来之不易的。

拍摄好视频后，可以利用各种软件进行后期剪辑和制作。后面笔者会以剪映为例讲讲比较常见的后期处理方式，在这里就不详述了。

道具和滤镜的正确配合，可以对视频起到很好的点缀和优化作用。另外，每种特效里面也有很多种选择，用好这些后期特效也能带来意想不到的效果。还可以利用道具和特效来掩盖拍摄中的瑕疵。

总之，开动脑筋，先构思好你的剧本，再用前面说的技巧玩出花样，相信你很快就能做出自己意想不到的短视频作品。

💬 5.1.3 拍摄方法：8大技巧增加创造性

在进行视频拍摄时，可以通过拍摄的快慢、视频编辑和特效等技术让作品更具创造性，而不是简单地对嘴型。下面介绍视频号短视频的8个拍摄技巧，帮助用户方便、快捷地制作出更加优质的短视频内容。

1. 远程控制暂停更方便

现在各种软件层出不穷，我们要善于利用这些软件来帮助我们进行拍摄。有的软件有"倒计时"功能，如果手机摆放位置比较远，用户就可以利用"倒计时"功能来远程控制暂停录制。在拍摄界面点击"倒计时"按钮，例如我们只要拍摄10秒就暂停，将暂停拉杆拖到10秒的位置即可。然后点击"开始拍摄"，当拍摄到第10秒的时候就会自动暂停。

如果拍摄软件没有"倒计时"功能，我们也可以在后期视频剪辑的时候，将多余的片段剪辑掉。软件有很多，方法也有很多，灵活运用即可。

2. 调整合适的快慢速度

短视频拍摄过程中，不仅可以选择滤镜和美颜，还可以自主调节拍摄速度。如果视频号用户善于运用快慢速度调整和分段拍摄，会拍出很多酷炫的效果。

快慢速度调整就是调整音乐和视频的匹配。如果选择"快"或者"极快"，拍摄时音乐就会放慢，相应的视频成品中的画面就会加快。反之，如果选择"慢"或者"极慢"，拍摄时音乐就会加快，成品中的画面就会放慢。

快慢速度调整功能有助于创作者找准节奏：一方面，可以根据自己的节奏做对应的舞蹈和剪辑创作，使拍摄过程更舒服；另一方面，不同的拍摄节奏也会大大降低内容的同质化，即使是相似的内容，不同的节奏所展现出的效果也是截然不同的。

如果放慢了音乐，你能更清楚地听出音乐中的重音，也就更容易卡到节拍。这就降低了用户使用的门槛，让一些没有经过专业训练的人也能轻松卡住节拍。反之如果加快了音乐，相应地放慢了你的动作，最后的成品也会有不一样的效果。配合后面要说的分段拍摄，控制好你的快慢节奏，也会有不错的效果。

3. 分段拍摄视频更有创意

拍摄短视频的时候，可以先拍一段，然后暂停，之后再拍下一段，最后拼在一起形成一个完整的视频。只要两个场景的过渡转场做得足够好，视频的效果就会很酷炫。

4. 防止抖动保证对焦清晰

手抖是很多视频拍摄者的致命伤，在拍摄视频时，千万注意手不能抖，要时刻保持正确的对焦，这样才能拍摄出清晰的视频。为了防止抖动，用户可以将手机放在支架上或者找个东西立起来，必要时可以使用自拍杆，如图5-3所示。

图 5-3 使用自拍杆稳定手机

5. 注意光线增强画面美感

拍摄短视频时光线十分重要，好的光线布局可以有效提高画面质量。尤其是在拍摄人像时要多用柔光增强画面美感，要避免明显的暗影和曝光。如果光线不清晰，可以手动打光，将灯光打在人物的脸上或用反光板调节。同时，用户还可以用光线进行艺术创作，比如用逆光营造出缥缈、神秘的艺术氛围。

在光线不好的地方，尤其是晚上昏暗的环境中，用带滤镜的 APP 拍照，经常会出现画面非常模糊的情况，此时可以开启闪光灯功能。

6. 手动配置曝光和聚焦

注意，并不是所有的智能手机都具备曝光和聚焦功能，但如果你的手机有，就一定要学会设置。尤其是对智能手机来说，AE（Automatic Exposure，自动曝光控制装置）锁定很重要，这会减少曝光，尤其是在进行围绕拍摄时，更要注意锁定 AE。

在从远及近地靠近人物拍摄时，手动控制对焦这个功能非常实用。不同的手机设置焦距的方法不同，具体设置可以根据机型上网搜索。

7. 选对视频拍摄的分辨率

在使用其他相机应用拍摄视频时，一定要选对文件格式，将分辨率调到最高。同时，注意将"录像码率"设置为"高"，以便得到更好的视频画质。"码率"就是视频的取样率，单位时间内取样率越大，精度就越高，拍摄出来的视频文件就越接近原始文件。

8. 使用网格功能辅助构图

并非只有专业摄影师才能拍摄出精彩的视频效果，普通用户也可以做到。事实上，那些给我们留下了深刻印象的照片或视频，往往都是利用了将观众眼球聚焦到某一场景的特殊构图方法。

这里要推荐给大家的是三分构图法，这一概念引述到智能手机上就是网格功能。如果你的手机也有这个功能，那一定要记得在拍视频或拍照前先将其启用。

5.2 后期处理：提升视频质量

短视频剪辑工具越来越多，功能也越来越强大。本章以剪映 APP 为例介绍视频后期处理的常用操作方法。剪映是一款功能非常全面的手机剪辑工具，能够让用户轻松在手机上完成 vlog 剪辑。

5.2.1 视频剪辑：如何利用剪映进行剪辑处理

下面介绍使用剪映 APP 对短视频进行剪辑处理的操作方法。

步骤 1 在剪映 APP 中导入一个视频素材，点击左下角的"剪辑"按钮，如图 5-4 所示。

步骤 2 执行操作后，进入视频剪辑界面，如图 5-4 所示。

图 5-4 进入剪辑视频界面

步骤 3 移动时间轴至两个片段相交处，点击"分割"按钮，即可分割视频，如图 5-5 所示。

步骤 4 点击"变速"按钮，可以调整视频的播放速度，如图 5-6 所示。

图 5-5　分割视频

图 5-6　变速处理界面

步骤5 执行操作后，移动时间轴，❶选择视频的片尾；❷点击"删除"按钮，如图 5-7 所示。

步骤6 操作完成之后，即可删除片尾，如图 5-8 所示。

图 5-7　点击"删除"按钮

图 5-8　删除片尾

步骤7 在剪辑界面点击"编辑"按钮，可以对视频进行旋转、镜像、裁剪等编辑处理，如图 5-9 所示。

步骤8 在剪辑界面点击"复制"按钮，可以快速复制选择的视频片段，如图 5-10 所示。

图 5-9 视频编辑功能

图 5-10 复制选择的视频片段

步骤9 在剪辑界面点击"倒放"按钮，系统会对所选择的视频片段进行倒放处理，并显示处理进度，如图 5-11 所示。

步骤10 稍等片刻，即可倒放所选视频，如图 5-12 所示。

图 5-11 显示倒放处理进度

图 5-12 倒放所选视频

步骤11 在剪辑界面点击"定格"按钮，出现操作提示，如图 5-13 所示。

步骤12 根据提示进行操作，使用双指放大时间轴中的画面片段，即可延长该片段的持续时间，实现定格效果，如图 5-14 所示。

| 图 5-13　点击"定格"按钮 | 图 5-14　实现定格效果 |

步骤13 点击右上角的"导出"按钮，即可导出视频，效果如图 5-15 所示。

图 5-15　导出并预览视频

5.2.2　后期特效：如何利用剪映制作炫酷特效

后期特效是短视频很重要的部分，在这里介绍如何利用剪映 APP 制作后期特效。

1. 为短视频添加滤镜效果

下面介绍使用剪映 APP 为短视频添加滤镜效果的操作方法：

步骤 1 在剪映 APP 中导入视频素材，点击"滤镜"按钮，如图 5-16 所示。

步骤 2 进入滤镜编辑界面，点击"新增滤镜"按钮，如图 5-17 所示。

图 5-16　点击"滤镜"按钮　　　图 5-17　点击"新增滤镜"按钮

步骤 3 调出滤镜菜单，根据视频场景选择合适的滤镜效果，如图 5-18 所示。

步骤 4 选中滤镜时间轴，拖曳右侧的白色拉杆，调整滤镜的持续时间，如图 5-19 所示。

图 5-18　选择合适的滤镜效果　　　图 5-19　调整滤镜的持续时间

步骤5 点击底部的"滤镜"按钮,调出滤镜菜单,再次点击所选择的滤镜效果,拖曳白色圆圈滑块,适当调整滤镜程度,如图 5-20 所示。

步骤6 点击"导出"按钮,导出视频,预览视频效果,如图 5-21 所示。

图 5-20　调整滤镜程度

图 5-21　预览视频效果

2. 制作短视频背景效果

下面介绍使用剪映 APP 制作短视频背景效果的操作方法。

步骤1 在剪映 APP 中导入一个视频素材,点击底部的"比例"按钮,如图 5-22 所示。

步骤2 调出比例菜单,选择 4∶3 选项,调整屏幕显示比例,如图 5-23 所示。

图 5-22　点击"比例"按钮

图 5-23　选择合适比例

步骤 ③ 返回主界面，点击"背景"按钮，如图 5-24 所示。

步骤 ④ 进入背景编辑界面，点击"画布颜色"按钮，如图 5-25 所示。

　　　图 5-24　添加"背景"特效　　　　图 5-25　点击"画布颜色"按钮

步骤 ⑤ 调出"画布颜色"菜单，用户可以在其中选择合适的背景颜色效果，如图 5-26 所示。

步骤 ⑥ 在背景编辑界面点击"画布样式"按钮，然后调出相应菜单，如图 5-27 所示。

　　　图 5-26　选择背景颜色效果　　　　图 5-27　调出"画布样式"菜单

步骤 ⑦ 用户可以在下方选择默认的画布样式模板，如图 5-28 所示。

步骤 8 另外，用户也可以点击  按钮，打开手机相册，在其中选择合适的背景图片或视频，如图 5-29 所示。

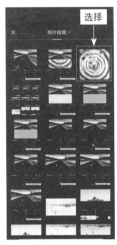

图 5-28　选择画布样式模板　　　　图 5-29　选择背景图片

步骤 9 执行操作后，即可设置自定义的背景效果，如图 5-30 所示。

步骤 10 在背景编辑界面中点击"画布模糊"按钮调出相应菜单，选择合适的模糊程度，即可制作出抖音中火爆的分屏模糊视频效果，如图 5-31 所示。

图 5-30　设置自定义的背景效果　　　　图 5-31　选择合适的模糊程度

步骤 11 点击右上角的"导出"按钮，即可导出视频预览特效，可以看到画面分为上下三屏，上端和下端的分屏呈模糊状态显示，而中间的画面则呈清晰状态显示，可以让画面主体更加聚焦，如图 5-32 所示。

图 5-32　导出并预览视频

3. 为短视频添加动画效果

下面介绍使用剪映 APP 为短视频添加动画效果的操作方法。

步骤 1 在剪映 APP 中导入一个视频素材，然后点击选择相应的视频片段，如图 5-33 所示。

步骤 2 进入视频片段的剪辑界面，然后点击底部的"动画"按钮，如图 5-34 所示。

图 5-33　选择相应视频　　图 5-34　点击"动画"按钮

步骤 3 调出动画菜单，在其中添加"降落旋转"动画效果，如图 5-35 所示。

步骤 4 根据需要适当调整"动画时长"选项，如图 5-36 所示。

图 5-35 选择"降落旋转"动画效果　　图 5-36 调整"动画时长"

步骤 5 选择第 2 段视频，添加 "抖入放大"动画效果，如图 5-37 所示。

步骤 6 选择第 3 段视频，添加"向右甩入"动画效果，如图 5-38 所示。

图 5-37 添加"抖入放大"动画效果　图 5-38 添加"向右甩入"动画效果

步骤 7 点击 ✓ 按钮，确认添加多个动画效果，并点击右上角的"导出"按钮，导出并预览视频，效果如图 5-39 所示。

图 5-39　导出并预览视频

4. 对两个视频进行合成处理

下面介绍使用剪映 APP 对两个视频进行合成处理的操作方法。

步骤 1 在剪映 APP 中导入视频素材，点击"画中画"按钮，如图 5-40 所示。

步骤 2 进入画中画编辑界面，点击 "新增画中画"按钮，如图 5-41 所示。

图 5-40　点击"画中画"按钮　　图 5-41　点击"新增画中画"按钮

步骤 3 进入手机素材库，选择要合成的视频素材，如图 5-42 所示。

步骤4 点击"添加到项目"按钮，即可添加视频素材，如图 5-43 所示。

图 5-42　选择视频素材

图 5-43　添加视频素材

步骤5 在视频预览区适当调整视频素材的大小和位置，如图 5-44 所示。

步骤6 点击"混合模式"按钮调出其菜单，然后可根据具体情况选择选项，笔者在这里选择的是"柔光"模式，如图 5-45 所示。

图 5-44　调整视频素材

图 5-45　选择"滤色"选项

步骤7 点击✓按钮，添加"混合模式"效果，点击右上角的"导出"按钮，导出并预览视频，效果如图 5-46 所示。

图 5-46　导出并预览视频

5. 制作"逆世界"镜像特效

下面介绍使用剪映 APP 制作"逆世界"镜像特效的操作方法。

步骤 1　在剪映 APP 中导入一个视频素材，然后点击选择相应的视频片段，如图 5-47 所示。

步骤 2　进入视频片段的剪辑界面，向下拖曳视频调整位置，如图 5-48 所示。

图 5-47　选择相应的视频片段

图 5-48　调整视频位置

步骤 3　点击"画中画"按钮，再次导入相同的视频素材，如图 5-49 所示。

步骤 4　❶将视频放大至全屏；❷点击底部的"编辑"按钮，如图 5-50 所示。

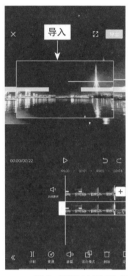

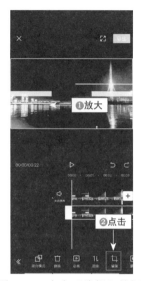

图 5-49　导入相同的视频素材　　　　图 5-50　点击"编辑"按钮

步骤 5 进入编辑界面，点击两次"旋转"按钮，旋转视频，如图 5-51 所示。

步骤 6 点击"镜像"按钮，水平翻转视频画面，如图 5-52 所示。

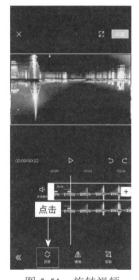

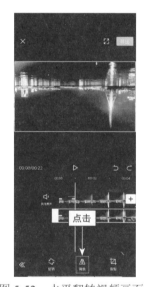

图 5-51　旋转视频　　　　　　　　图 5-52　水平翻转视频画面

步骤 7 点击"裁剪"按钮，对视频画面进行适当裁剪，如图 5-53 所示。

步骤 8 点击✓按钮确认编辑操作，并对两个视频的位置进行适当调整，完成"逆世界"镜像特效的制作，如图 5-54 所示。

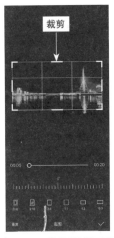

图 5-53 裁剪视频画面　　　图 5-54 制作镜像视频特效

6. 制作"灵魂出窍"特效

下面介绍使用剪映 APP 制作"灵魂出窍"画面特效的操作方法。

步骤 1 在剪映 APP 中导入一个视频素材，如图 5-55 所示。

步骤 2 点击"画中画"按钮，进入其编辑界面，点击"新增画中画"按钮，如图 5-56 所示。

图 5-55 导入视频　　　图 5-56 点击"新增画中画"按钮

步骤 3 再次导入相同场景和机位的视频素材，如图 5-57 所示。

步骤 4 ❶将视频放大，使其铺满整个屏幕；❷点击底部的"不透明度"按钮，如图 5-58 所示。

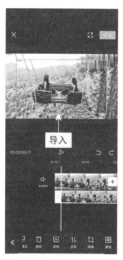

图 5-57 导入视频素材

图 5-58 点击"不透明度"按钮

步骤5 拖曳滑块，将"不透明度"选项的参数调整为 35，如图 5-59 所示。

步骤6 点击 ✓ 按钮，即可合成两个视频画面，并形成"灵魂出窍"的效果，如图 5-60 所示。

图 5-59 调整"不透明度"参数

图 5-60 灵魂出窍效果图

5.2.3 背景音乐：如何利用剪映导入音乐素材

选择背景音乐（Background music，BGM）是拍摄短视频不可缺少的一步，下面介绍在剪映中添加 BGM 的方法。

1. 录制语音旁白

下面介绍使用剪映 APP 录制语音旁白的操作方法。

步骤 1　在剪映 APP 中导入素材，点击"关闭原声"按钮，如图 5-61 所示。

步骤 2　点击"音频"按钮进入编辑面，点击"录音"按钮，如图 5-62 所示。

图 5-61　点击"关闭原声"按钮　　　图 5-62　点击"录音"按钮

步骤 3　进入录音界面，按住红色的录音键不放，即可开始录制语音旁白，如图 5-63 所示。

步骤 4　录制完成后，松开录音键即可，自动生成音频图层，如图 5-64 所示。

图 5-63　开始录音　　　图 5-64　完成录音

2. 导入本地音频

下面介绍使用剪映 APP 导入本地音频的操作方法。

步骤 1 在剪映 APP 中导入素材，点击"添加音频"按钮，如图 5-65 所示。

步骤 2 进入音频编辑界面，点击"音乐"按钮，如图 5-66 所示。

图 5-65　点击"添加音频"按钮　　　图 5-66　点击"音乐"按钮

步骤 3 进入"添加音乐"界面，切换至"导入音乐"中的"本地音乐"选项卡；在下方的列表框中选择相应音频素材，选择合适的音频素材，如图 5-67 所示。

步骤 4 执行操作后，即可添加本地背景音乐，如图 5-68 所示。

图 5-67　选择本地音频　　　　　　　图 5-68　添加本地背景音乐

3. 裁剪与分割背景音乐素材

下面介绍使用剪映 APP 裁剪与分割背景音乐素材的操作方法。

步骤 1 以上一例效果为例，向右拖曳音频图层前的白色拉杆，即可裁剪音频，如图 5-69 所示。

步骤 2 按住音频图层向左拖曳至视频起始位置，完成音频的裁剪操作，如图 5-70 所示。

图 5-69　拖曳剪裁视频　　　　　　图 5-70　完成剪裁操作

步骤 3 ❶拖曳时间轴，将其移至视频的结尾处；❷选择音频图层；❸点击"分割"按钮；❹即可分割音频，如图 5-71 所示。

步骤 4 选择第 2 段音频，点击"删除"按钮，删除多余音频，如图 5-72 所示。

图 5-71　分割音频　　　　　　　　图 5-72　删除多余的音频

4. 消除短视频中的噪声

如果录音环境比较嘈杂，用户可以在后期使用剪映 APP 来消除短视频中的噪声。

步骤 1 在剪映 APP 中导入素材，点击底部的"降噪"按钮，如图 5-73 所示。

步骤 2 执行操作后，弹出"降噪"菜单，如图 5-74 所示。

图 5-73 点击底部的"降噪"按钮

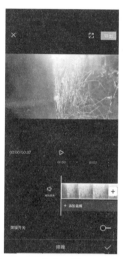
图 5-74 弹出"降噪"菜单

步骤 3 ❶打开"降噪开关"；❷系统会自动进行降噪处理，并显示处理进度，如图 5-75 所示。

步骤 4 处理完成后，自动播放视频，点击 ✓ 按钮确认即可，如图 5-76 所示。

图 5-75 进行降噪处理

图 5-76 自动播放视频

5. 加入声音特效

在处理短视频的音频素材时，用户可以给其增加一些变速或者变声的特效。

步骤 ① 在剪映 APP 中导入视频素材，并录制一段声音，选择录音文件，并点击底部的"变声"按钮，如图 5-77 所示。

步骤 ② 执行操作后，弹出"变声"菜单，用户可以在其中选择合适的变声效果，如大叔、萝莉、女生、男生等，并点击☑️按钮确认即可，如图 5-78 所示。

图 5-77　点击底部的"变声"按钮　　图 5-78　选择合适的变声效果

步骤 ③ 在选择录音文件后，点击底部的"变速"按钮弹出相应菜单，拖曳红色圆环滑块即可调整声音变速参数，如图 5-79 所示。

步骤 ④ 选择合适的变速倍数，点击☑️按钮，可以看到经过变速处理后的录音文件的持续时间明显变短了，同时还会显示变速倍速，如图 5-80 所示。

图 5-79　点击底部的"变速"按钮　　图 5-80　选择合适的变速倍数

剪映 APP 中提供了很多有趣的音频特效，用户可以根据短视频的情境来增加音效，如新年、综艺、游戏、转场、机械、手机、美食、环境音、动物、交通、悬疑等，如图 5-81 所示。

图 5-81　剪映 APP 中的音效

例如，在展现燃放烟花的短视频中，可以点击"环境音"，选择下面的"海浪"音效，如图 5-82 所示。

图 5-82　添加"海浪"音效

6. "自动踩点"功能制作卡点短视频

下面介绍使用剪映 APP 的"自动踩点"功能制作卡点短视频的操作方法。

步骤1 在剪映 APP 中导入视频素材，并添加卡点背景音乐，如图 5-83 所示。

步骤2 选择音频图层，进入音频编辑界面，点击底部的"踩点"按钮，如图 5-84 所示。

图 5-83　添加相应卡点音乐　　　图 5-84　点击底部的"踩点"按钮

步骤3 进入"踩点"界面，❶开启"自动踩点"功能；❷选择"踩节拍Ⅰ"选项，如图 5-85 所示。

步骤4 点击 ✓ 按钮，即可在音乐鼓点的位置添加对应的点，如图 5-86 所示。

图 5-85　开启"自动踩点"功能

图 5-86　添加对应黄点

步骤5 调整视频的持续时间，将每段视频的长度对准音频中的黄色小圆点，如图 5-87 所示。

步骤6 点击右上角的"导出"按钮，导出并预览视频效果，如图 5-88 所示。

图 5-87　开启"自动踩点"功能

图 5-88　导出并预览视频效果

📢 5.2.4　视频字幕：如何利用剪映添加文字字幕

剪映 APP 除了能够自动识别和添加字幕外，用户也可以使用它给自己拍摄的短视频添加合适的文字内容，下面介绍具体的操作方法。

步骤 1 打开剪映 APP，在主界面中点击"开始创作"按钮，如图 5-89 所示。

步骤 2 进入"照片视频"界面，❶选择合适的视频素材；❷点击"添加到项目"按钮，如图 5-90 所示。

图 5-89　点击"开始创作"按钮　　图 5-90　选择合适的视频素材

步骤 3 打开该视频素材，并点击底部的"文本"按钮，如图 5-91 所示。

步骤 4 进入文本编辑界面，点击输入文字，如图 5-92 所示。

图 5-91　点击"文本"按钮　　图 5-92　进入文本编辑界面

步骤 5 在文本框中输入符合短视频主题的文字内容，如图 5-93 所示。

步骤 6 点击右下角的 ✓ 按钮确认，即可添加文字，在预览区中按住文字素材并拖曳，即可调整文字的位置，如图 5-94 所示。

图 5-93　输入文字

图 5-94　调整文字的位置

/第/6/章/

内容发布：快速完成视频和图片的上传

学前提示

绝大多数视频号运营者都会通过视频向用户传达信息。因此，运营者有必要了解视频发布的相关内容。这一章，笔者就对发布视频号短视频的步骤，视频发布的注意事项进行具体解读。

要点展示

● 内容发布：尺寸合适更优质

● 发布步骤：简单 4 步勿弄混

● 注意事项：关键 4 点要记牢

6.1 内容发布：尺寸合适更优质

笔者在前面介绍了视频号可以发布的内容，即 1 分钟以内的视频或 9 张以内的图片。

视频号用户发布内容时，要特别注意发布内容的尺寸。目前，视频号的竖屏尺寸要求为 1 230×1 080，横屏尺寸要求为 608×1 080。

6.1.1　图片：9张以内

考虑到视频号对视频尺寸的要求，一般来说，用户发布图片内容时，最好选取 608×1 080 的横屏图片，或 1 080×1 230 的竖屏图片。

图 6-1 所示为视频号用户发布的图片内容，我们可以看出图片的展示页是竖屏的。图片展示页为横屏的显示效果如图 6-2 所示。

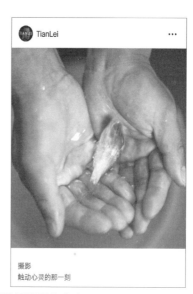

图 6-1　竖屏的视频号图片内容

图 6-2　横屏的视频号图片内容

尺寸适合视频号图片展示页要求的图片内容相对来说就会比较优质，其他视频号用户的阅读体验也会比较好，大家愿意看，能够获得更多的喜欢和点赞。

如果选择的图片尺寸过大，在视频号中会显示不全，尺寸过小又不能填满视频号界面，空缺部分就被黑色背景填充，从而降低所发布内容的质量。

6.1.2　视频：1分钟以内

视频号的最大视频展示尺寸为 1 230×1 080，视频高宽比约为 11∶10，发布短视频的时候应该调整视频尺寸和比例。视频号运营者发布的竖屏短视频内容如图 6-3 所示，横屏短视频内容如图 6-4 所示。

图 6-3　竖屏的视频号短视频内容

图 6-4　横屏的视频号短视频内容

如果视频号用户选择发布的短视频尺寸不符合要求，那与发布图片时的情况一样，短视频超过的部分会被裁剪掉，从而导致视频不完整，这种情况同样会导致其他视频号用户在看视频的时候产生不舒服的感觉，从而可能使得该视频号运营者损失一部分用户。

还有另一种情况，就是视频号用户选择发布的短视频填不满界面，那发布出来会怎么样呢？结果与图片一样，填不满的部分会被黑色背景填充，如图 6-5 所示。

图 6-5　短视频填不满界面的情况

6.2　发布步骤：简单4步勿弄混

视频号用户如果想要在视频号上发布自己的内容，可以通过哪几步来完成呢？在视频号发布内容，基本上可以分为这样4步，即准备素材、上传素材、后期处理和内容发布。

6.2.1　准备素材：首先明确内容形式

视频号用户在准备素材阶段，首先要明确自己视频内容的形式，笔者这里收集了几种视频号上比较常见的短视频内容形式，供大家参考。

第一种是自己拍摄视频，记录自己的日常生活。给视频配上一些后期，像录音、字幕、文案之类的，增加短视频的看点，如图6-6所示。

图6-6　自己拍摄的日常生活短视频

第二种是拍摄真人出镜的讲解类视频，这个操作比较简单，一个主讲者、一部可以摄影的机器就可以了。不过，主讲者需要有比较好的口才，或者提前写好文案大纲，如图6-7所示。

图 6-7　讲解类视频

第三种是截取影视片段，然后和自己的创意相结合，创作出新的视频内容，吸引关注。比如，给截取的短视频重新配音，或者根据自己的需要剪接成另外的故事，如图 6-8 所示。

图 6-8　影视片段与自己的创意结合

上面所说的前两种视频内容是需要自己动手去拍摄的，那在拍摄之前就必须准备好拍摄需要的各种器材和道具，出镜的人也需要做好拍摄的准备，考虑到拍摄时会出现的种种情况。把一切准备好之后再开始拍摄，可以减少一些意外情况的发生，节省拍摄时间。

注意，一般来说，视频号用户最好不要直接搬运别人的视频，这样不但容易造成侵权，而且可能受到账号限流或者封号的处罚。

6.2.2　上传素材：善于利用剪辑软件

视频素材准备完成之后，开始上传素材，虽然视频号上发布的视频，时间最长也只有 1 分钟，但却需要准备大量的素材，然后将准备好的素材全部上传到视频剪辑软件进行视频的后期处理操作。

在第 5 章第 2 节，专门介绍了利用剪映视频剪辑软件剪辑视频的操作方法。视频剪辑软件还有很多，下面再给大家介绍几款常用的手机视频剪辑软件，大家可以根据自己的需要选择使用。

（1）快剪辑

快剪辑的功能特别丰富，比如，视频滤镜、录音、画中画、字幕等功能，还有丰富的视频模板，可进行多段拼接、无片头和无水印导出等。

如图 6-9 所示，为快剪辑的"创作"页面和"草稿"页面。在"创作"页面进行视频的后期加工，加工完成后，可以将视频存入"草稿"页面，下次可以继续创作，这样非常方便。

图 6-9　快剪辑的页面

（2）爱剪辑

爱剪辑是一款功能非常强大且操作简单的视频剪辑软件，对没有接触过视频剪辑的人来说比较友好。

如图 6-10 所示，为爱剪辑的"热门"和"工具"页面。在"热门"页面有些近期比较火的视频模板，初学者可以进行模仿；在"工具"页面，可以找到爱剪辑的所有后期处理功能，一般在这个页面进行视频的处理。

图 6-10　爱剪辑的页面

（3）小影

小影的视频剪辑功能特别全面，像配音、特效、滤镜、字幕等都支持，但是小影不支持调整字幕字体大小，不知道后面功能会不会升级，不过这并不影响小影的好用度。

如图 6-11 所示，为小影的"视频剪辑"页面和"小影记"页面。在"视频剪辑"页面进行视频的剪辑处理；在"小影记"页面可以看到很多其他小影用户剪辑的视频作品，如果有比较喜欢的剪辑风格，还可以关注那个人，观看他更多的作品，也可以模仿其风格创作自己的视频作品。

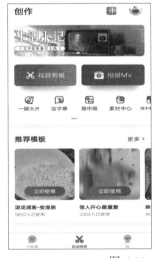

图 6-11　小影的页面

🗨 6.2.3　后期处理：简单介绍自带功能

　　素材上传到视频剪辑软件之后，就是进行后期加工。关于视频的后期加工问题，我们在前一章的最后一节已经讲过了，这里就不再赘述。

　　下面简单介绍一下视频号自带的视频拍摄功能和视频剪辑功能，前面一直没有说到这个问题，是因为视频号的剪辑功能还比较简单，想要发布优质的、精彩的内容，还是建议大家先用别的软件对视频进行加工。

　　如图 6-12 所示，点击视频号主界面的"相机"按钮（也可以点击视频号用户自己账号页面的"相机"按钮），就会弹出"拍摄""从相册选择""取消"3 个选项，用户可以根据自己的需要选择。我们以"从相册选择"为例进行说明，点击"从相册选择"选项，进入本地相册选择自己要发布的视频内容。

图 6-12　视频号的"相机"按钮

　　如图 6-13 所示，点击该页面中的"编辑"按钮，然后进入视频编辑界面，进行视频的简单加工。

　　编辑界面的第一个图标是表情包的图标，里面的表情包和微信是通用的，视频号运营者可以在视频中加入自己收藏的表情包。

　　第二个图标是加文字的图标，加入的文字暂时只可以改变其字体的颜色、大小。

第三个图标是加配乐的图标，所配的音乐必须是手机的本地音乐，暂不提供线上音乐。

第四个图标是截取视频的图标，利用这个图标可以将视频分段，然后分别加入不同的表情包、文字、配乐。

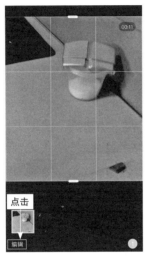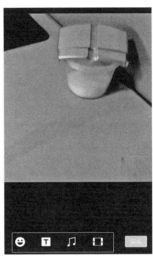

图 6-13　视频号的视频编辑页面

上面说的是在视频号上对短视频进行编辑，接下来简单说一下视频号怎么进行图片编辑。先选择好图片，选择之后同样也是在左下方位置有一个"编辑"按钮，点击进入编辑页面，如图 6-14 所示。

图 6-14　视频号的图片编辑页面

编辑页面有 3 个图标：第一个图标是画笔，用户可以根据自己的想法，在图片上添加自己画的东西，写字也可以，还可以利用画笔打马赛克；第二个图标是表情包，这个和视频编辑里面的表情包是一样的；第三个图标是文字，这个也和视频编辑里面的图标一样。

📦 6.2.4　内容发布：认真填写发布信息

视频号用户的短视频作品创作完成之后，就只剩最后一步短视频的发布了，即在视频号中把准备好的作品内容发布出来。那如何进行这最后一步呢？

图 6-15 所示是视频号的内容发布。从图中可以看出，运营者发布内容时可以添加"话题""所在位置"和"扩展链接"几项内容。视频号的"话题"跟微博的"话题"差不多，相当于一个标签。如图 6-15 所示，该视频号运营者就给发布的图片内容添加了"发型"这个话题。当然视频号运营者每一次发送内容，可以添加很多个话题。

图 6-15　视频号的内容发布

视频号的"所在位置"可以选择也可以不选择，它就相当于视频号用户发布内容时的一个定位。还有一个"扩展链接"功能，利用该功能可以插入公众号的链接。视频号运营者可以先去复制公众号的永久链接，然后将其插入就可完成链接的添加。图 6-16 所示为"所在位置"和"扩展链接"的设置界面。

图 6-16 "所在位置"和"扩展链接"的设置界面

 ## 注意事项：关键 4 点要记牢

关于视频号需要注意的事项，笔者在这里主要介绍 4 个关键点，即须遵守平台规则、多发布本地化内容、可选择合适发布时间、勿轻易删除发布内容。

6.3.1 须遵守平台规则：规避封号风险

近段时间，有视频号用户反映，自己的视频号因为被封号而无法继续发布作品，封号原因是违规。图 6-17 所示为简介和名称违规通知截图，图 6-18 所示为封面和头像违规通知截图。

图 6-17 简介和名称违规　　　　　图 6-18 封面和头像违规

比如，个人简介有导流到抖音、快手等其他短视频平台的嫌疑；用户名含有夸大的字眼会引起他人对运营者资质的怀疑，如"新媒体运营师"之类的名称；视频封面诱导别人关注自己或其他人；用户头像带有导流图像，包括导流个人微信。

还有几个情况需要特别注意，不然微信官方可能会收回视频号发布作品的资格。

（1）获得权限后长时间不发布作品。

（2）视频号认证情况和实际情况不符。

（3）搬运他人的内容，且没有得到原内容作者的准许。

对于运营视频号的自媒体人来说，做原创才是最长久最靠谱的一件事情。在互联网上，想借助平台成功变现，一定要做到两点：遵守平台规则和迎合用户喜好。下面就重点介绍视频号的一些平台规则。

（1）不建议做低级搬运。例如，带有其他平台特点和图案的作品，视频号平台对这些低级搬运的作品会直接封号或者不予推荐，因此不建议大家做。

（2）视频必须清晰无广告。

（3）账号权重。笔者之前分析了很多账号，发现普通玩家上热门有个共同的特点，那就是给别人点赞的作品很多，最少的都上百了。这是一种模仿正常用户的玩法。而那种上来直接就发营销广告类视频的视频号用户，系统可能会判断你的账号是一个营销广告号或者小号，从而给予降权或封号等处理。具体提高权重的方法如下：

采取正常用户行为，多去给热门作品点赞、评论和转发，选择的账号粉丝越多效果越好。如果想运营好一个视频号，至少前 5～7 天先不要发作品，就在空闲的时候去刷一下别人的视频，然后多关注和点赞，哪怕后期再取消关注，你也要多做这些工作，让系统觉得你是一个正常的账号，为后面的变现做准备。

6.3.2 多发布本地化内容：便于后期变现

视频号的本地化运营也非常重要。一般来说，你在视频号发布短视频后，会先推给附近的人看，然后根据标签进行推荐。这是一个本地化的人口红利，建议大家要多发布本地化内容，这样更便于后期商业变现。

另外，很多人所在的城市有上千万人口，按理说视频号用户应该也在百万以上，但为什么你发的视频播放量却只有几百？

其实，每个视频号运营者都需要面对的一个坎儿，就是视频发布之后，可能在一段时间内都会保持几百的播放量。在这种情况下，建议大家用一些技术手段加推一下视频，让视频播放量突破这个坎儿。

因为视频号是基于微信官方推荐的，每个视频号都可以拥有一个或几个标签，如做美食类的账号就有"美食吃货"这样的标签，其发布内容就会推荐给对该标签感兴趣的用户。另外，视频号会根据你的视频里面说了什么，或者根据你视频内容的标签进行匹配，所以大家在标题上要多花一点工夫。

例如，视频号用户想做美食类内容，那么便可以在视频号的标题当中去强调"美食"这样的关键词，如图 6-19 所示，从而匹配到更多精准用户，为视频号吸引更多流量。

图 6-19　视频号带上"美食"话题

🗨 6.3.3　可选择适合发布时间：增加曝光机会

在发布视频号短视频时，笔者建议大家的发布频率以一周 2 ～ 3 条为基本，然后进行精细化运营，保持视频的活跃度，让每一条视频都尽可能上热门。至于发布的时间，为了让你的作品被更多人看到，火得更快，一定要选择在粉丝在线人数多的时候发布。

同样的作品在不同的时间段发布，效果肯定是不一样的，流量高峰期人多，作品就有可能被更多人看到。如果一次性录制了好几个视频，千万不要同时发布，视频发布时间至少要间隔一个小时。

另外，发布时间还需要结合自己的目标客户群体来确定，职业不同、工作性质不同、行业细分不同以及内容属性不同，发布的时间节点也都有所差别。用户要结合内容属性和目标人群，去选择一个最佳的时间点发布内容。再次提醒，最核心的一点就是在人多的时候发布，由此得到的曝光和推荐会大很多。

据统计，饭前和睡前是视频号用户最多的使用场景，有 62% 的用户会在这些时间内看视频号；10.9% 的用户会在碎片化时间看视频号，如上卫生间或者上班路上。尤其是睡前和周末、节假日这些时间段，视频号用户活跃度非常高。笔者建议大家最好将发布时间控制在 3 个时间段，如图 6-20 所示。

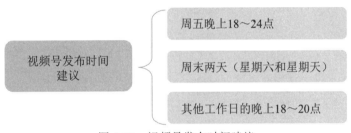

图 6-20　视频号发布时间建议

6.3.4　勿轻易删除发布内容：以免影响数据波动

很多短视频都是在发布了一周甚至一个月以后，才突然开始火爆起来的，所以这一点给笔者一个很大的感悟，那就是视频号上其实人人都是平等的，唯一不平等的就是内容质量。你的视频号是否能够快速吸引目标用户的眼球，最核心的点还是在内容的好坏。

所以，笔者很强调一个核心词，叫"时间性"。因为很多人在运营视频号时有个不好的习惯，那就是当他发现某个视频的整体数据很差时，就会把这个视频删除。笔者建议大家千万不要去删除你之前发布的视频，尤其是你的账号还处在稳定成长期的时候，删除作品对账号有很大的影响，如图 6-21 所示。

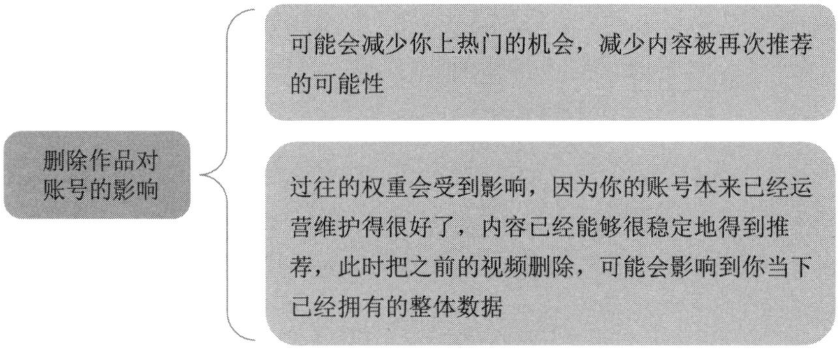

删除作品对账号的影响

> 可能会减少你上热门的机会，减少内容被再次推荐的可能性

> 过往的权重会受到影响，因为你的账号本来已经运营维护得很好了，内容已经能够很稳定地得到推荐，此时把之前的视频删除，可能会影响到你当下已经拥有的整体数据

图 6-21　删除作品对账号的影响

　　这就是"时间性"的表现，那些默默无闻的作品，可能过一段时间又能够得到一个流量扶持或曝光，因此我们不能轻易把作品删除。当然，如果你觉得删除视频没有多大影响，你可以删除试一下，但根据我们之前的实操经验，删除后账号数据会明显发生很大的波动。

文案写作篇

上海迪士尼度假区

独家彩蛋！你看到了几个大可爱？

沈Nini

蜂蜜小蛋糕

分享一款超简单零失败的蜂蜜小蛋糕，非常适合想入门烘焙的新手😎，简单快速美味

📍 广州市

/第/7/章/

爆款标题：提高视频号内容的吸睛能力

🔊 学前提示

用户在看短视频时，首先注意到的可能就是它的标题。因此，一个短视频的标题好不好，将对它的相关数据造成很大影响。

那么，如何打造爆款标题呢？笔者认为必须掌握本章的这些招式，不然，你就真的落伍了。

🔊 要点展示

- 标题撰写：3个重点关注的方面
- 标题类型：12种吸睛标题的套路
- 撰写误区：6大撰写标题的误区

7.1 标题撰写：3个重点关注的方面

标题作为视频号短视频的重要组成部分，是视频号运营者需要重点关注的内容。标题创作必须要掌握一定的技巧和写作标准，只有对标题撰写必备的要素进行熟练掌握，才能更好、更快地撰写标题，使标题达到引人注目的效果。

那么，在撰写视频号短视频标题时，应该重点关注哪些方面，并进行切入和语言组织呢？接下来，我们就一起来看一下标题制作的要素。

7.1.1 用吸睛词汇：提高点击率

标题是短视频的"眼睛"，在短视频中起着巨大的作用。标题展示着一个短视频的大意、主旨，甚至是对故事背景的诠释，所以，短视频点击率的高低，与标题有着不可分割的联系。

短视频标题要想吸引受众，就必须要有其点睛之处，给短视频标题"吸睛"是有技巧的。在撰写标题的时候，视频号运营者加入一些能够吸引受众眼球的词汇，比如"惊现""福利""秘诀""震惊"等。这些"吸睛"词汇，能够让视频号用户产生好奇心，如图7-1所示。

图7-1 利用"吸睛"词汇的标题案例

🗨 7.1.2　要突出重点：提高完播率

一个标题的好坏直接决定了短视频完播率的高低，所以，在撰写标题时，一定要重点突出，简洁明了，标题字数不要太多，最好能够朗朗上口，这样才能让受众在短时间内清楚地知道你想要表达的是什么，自然也就愿意看完短视频内容了。

标题用语要简短一点，突出重点，切忌成分过于复杂。如图 7-2 所示，其短视频标题很短，但是其他视频号用户却能从中很直接地看出短视频的主要内容，这样的标题就很好。

图 7-2　简短标题

🗨 7.1.3　忌做标题党：增加用户信任度

标题是短视频的"窗户"，视频号用户要是能从这一扇窗户之中看到短视频内容的一个大致提炼，就说明这一标题是合格的。换句话说，就是标题要体现出短视频内容的主题。

虽然标题就是要起到吸引受众的作用，但如果受众被某一标题吸引，进入视频内容之后却发现标题和内容主题联系得不紧密，或是完全没有联系，就会降低信任度，甚至会产生被欺骗的感觉，从而拉低短视频的点赞和转发量。

这也要求视频号运营者在撰写标题的时候，一定要注意所写的标题与内容主题的联系，切勿"挂羊头卖狗肉"，做标题党。务必尽可能地让标题与内容紧密关联，如图 7-3 所示。

图 7-3　紧密联系主题的标题案例

7.2　标题类型：12 种吸睛标题的套路

在视频号的运营过程中，标题的重要性不言而喻。不说其他行业，做新媒体的对标题的重要肯定深有体会。那么在了解了标题的重要性之后，接下来就具体了解怎样设置标题和利用什么表达方式去设置标题。

7.2.1　福利型：直接抛出诱饵

福利型的标题是指在标题上向受众传递一种"查看这个短视频你就赚到了"的感觉，一般来说，福利型标题准确把握了视频号用户贪图利益的心理需求，让用户一看到与"福利"相关的字眼就会忍不住想要了解短视频的内容。

福利型标题的表达方法有两种，一种是比较直接的形式，另一种则是间接的表达形式，虽然形式不同，但效果相差无几，具体如图 7-4 所示。

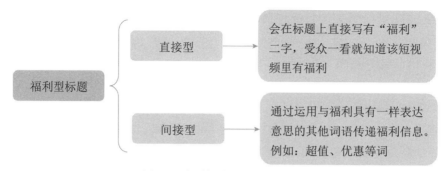

图 7-4　福利型标题的表达方法

值得注意的是，视频号的运营者在撰写福利型标题的时候，无论是直接型还是间接型，都应该掌握 3 点技巧，如图 7-5 所示。

图 7-5　福利型标题的撰写技巧

直接福利型和间接福利型两种不同的表达类型，有不同的特色。图 7-6 所示为直接福利型标题，图 7-7 所示为间接福利型标题。

图 7-6　直接福利型标题

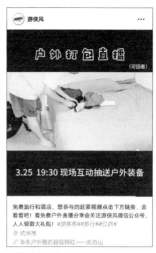

图 7-7　间接福利型标题

这两种类型的标题虽然稍有区别，但本质上都是通过"福利"来吸引受众的眼球，从而提升视频号短视频的点击率。

福利型的标题通常会给受众带来惊喜，试想，如果短视频标题中或明或暗地指出含有福利，你难道不会心动吗？

福利型标题既可以吸引视频号用户的注意力，又可以为视频号用户带来实际利益，可谓一举两得。当然，福利型标题在撰写的时候也需要注意一些问题，首先不要因为侧重福利而偏离了视频主题，还有就是最好不要使用太长的标题，以免影响短视频的传播效果。

7.2.2　价值型：传授实用技巧

价值型标题是指，向视频号用户传递一种只要看了短视频就可以掌握某些技巧或者知识的信心。

这种类型的标题之所以能够引起受众的注意，是因为抓住了人们想要从短视频中获取实际利益的心理。有相当部分的视频号用户是带着一定的目的去刷视频的，要么是希望短视频中含有福利，比如优惠、折扣；要么是希望能够从短视频中学到一些有用的知识。因此，价值型标题的魅力不可阻挡。

在打造价值型标题的过程中，往往会碰到这样一些问题，比如"什么样的技巧才算有价值？""价值型的标题应该具备哪些要素？"等。那么，价值型的标题到底应该如何撰写呢？笔者将其经验技巧总结为 3 点，如图 7-8 所示。

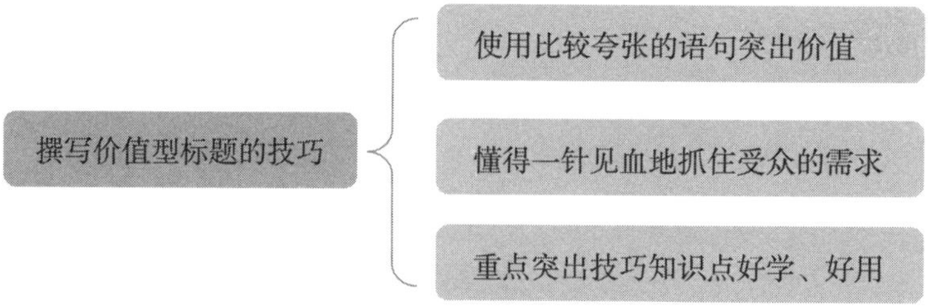

```
                          ┌─── 使用比较夸张的语句突出价值

   撰写价值型标题的技巧 ───┼─── 懂得一针见血地抓住受众的需求

                          └─── 重点突出技巧知识点好学、好用
```

图 7-8　撰写价值型标题的技巧

值得注意的是，在撰写价值型标题时，最好不要提供虚假的信息，比如"一分钟一定能够学会××""3 大秘诀包你××"等。价值型标题中虽然需要添加夸张的成分，但要把握好尺度，要有底线和原则。

价值型标题通常会出现在技术类文案之中，主要是为受众提供实际好用的知识和技巧，如图 7-9 和图 7-10 所示为价值型标题的典型案例。

图 7-9　"沈 Nini"发布的短视频标题

图 7-10　"红薯也叫地瓜来着"发布的短视频标题

视频号用户看见这种价值型标题，就会更加有动力去观看短视频的内容，因为这种类型的标题会给人一种学习这个技能很简单，不用花费过多时间和精力就能掌握的印象。

7.2.3 励志型：鼓舞受众情绪

励志型标题最为显著的特点就是"现身说法"，一般是通过第一人称的方式讲故事，故事的内容包罗万象，但总的来说离不开成功的方法、教训以及经验等，这一类标题充满正能量，视频号用户都喜闻乐见。

如今很多人都想致富，却苦于没有方向，如果这个时候给他们看励志型短视频，让他们知道企业是怎样打破枷锁，走上发展巅峰的，他们就很有可能对带有这类标题的内容感到好奇，因此这样的标题结构看起来具有独特的吸引力。励志型标题模板主要有两种，如图 7-11 所示。

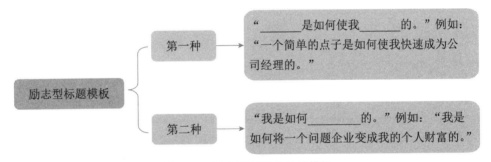

图 7-11 励志型标题的两种模板

励志型标题煽动性强，容易制造一种鼓舞人心的感觉，勾起视频号用户的观看欲望，从而提升短视频的完播率。

那么，打造励志型的标题是不是单单依靠模板就好了呢？答案是否定的，模板固然可以借鉴，但在实际操作中，还是要根据内容研究与之相适应的表达方法。总的来说有 3 种经验技巧可供借鉴，如图 7-12 所示。

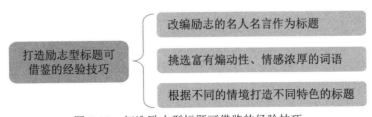

图 7-12 打造励志型标题可借鉴的经验技巧

　　一个成功的励志型标题不仅能够带动受众的情绪，而且还能促使视频号用户对短视频产生极大的兴趣。图 7-13 所示，为励志型标题的典型案例展示。

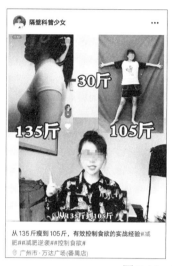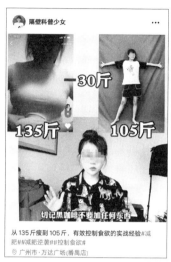

图 7-13　励志型标题

　　励志型标题一方面是利用视频号用户想要获得成功的心理，另一方面则是巧妙掌握了情感共鸣的精髓，通过带有励志色彩的字眼来引起受众的情感共鸣，从而成功吸引受众的眼球。

7.2.4　冲击型：造成感官刺激

　　所谓"冲击力"，即带给人在视觉和心灵上的触动力量，也即引起视频号用户关注的原因所在，在短视频标题撰写中有着它独有的价值和魅力。

　　在具有冲击力的标题撰写中，要善于利用"第一次"和"比……还重要"等类似的具有极端性特点的表述——因为受众往往比较关注那些具有特别突出特点的事物，而"第一次"和"比……还重要"等表述最能充分体现这一点，往往能带给受众强大的戏剧冲击感和视觉刺激感。

　　图 7-14 所示，为一些带有冲击感的视频号短视频标题案例。这两个短视频的标题就是利用"第一次"和"比……还重要"这种较极端性的语言，给用户造成了一种视觉乃至心理上的冲击。

图 7-14 带有冲击感的文案标题案例

7.2.5 揭露型：激发受众兴趣

揭露真相型标题是指，为受众揭露某件事物不为人知的秘密的一种标题。大部分人都会有好奇心和八卦心，而这种标题则恰好可以抓住受众的这种心理，从而给受众传递一种莫名的兴奋感，充分引起受众的兴趣。

视频号运营者可以利用揭露真相型标题做一个长期的专题，从而达到一段时间内或者长期凝聚受众的目的。打造这种类型的标题需要把握 3 个要点，如图 7-15 所示。

图 7-15 打造揭露真相型标题的要点

揭露真相型标题，最好在标题之中显示出冲突性和巨大的反差，这样可以有效吸引受众的注意力，使得受众认识到短视频内容的重要性，从而愿意主动观看视频，提升短视频的点击率。

如图 7-16 所示，为揭露真相型的视频号短视频标题。这两个短视频的标题都侧重于揭露事实真相，短视频内容也是侧重于讲解少有人知的知识，从标题上就做到了引人注目，因此能够有效吸引受众的目光。

图 7-16　揭露真相型标题

揭露真相型标题其实和价值型标题有不少相同点，因为都提供了具有价值的信息，能够为受众带来实际的利益。当然，所有的标题形式，都带有自己的价值和特色，否则也无法吸引受众的注意，更别提为视频的点击率和点赞量做贡献了。

📱 7.2.6　悬念型：用疑问作噱头

好奇是人的天性，悬念型标题就是利用人的好奇心来打造的，首先抓住受众的眼球，然后去提升受众的阅读兴趣。

标题中的悬念是一个诱饵，引导视频号用户观看短视频的内容，因为大部分人看到标题里有没被解答的疑问和悬念，就会忍不住想弄清楚到底是怎么回事，这就是悬念型标题的套路。

悬念型标题在日常生活中运用得非常广泛，也非常受欢迎。人们在看电视剧、综艺节目的时候也会经常看到一些节目预告之类的广告，这些广告就会采取悬念型标题表达引起观众的兴趣。利用悬念撰写标题的方法通常有 4 种，如图 7-17 所示。

利用悬念撰写标题的常见方法
- 利用反常的现象造成悬念
- 利用变化的现象造成悬念
- 利用用户的欲望造成悬念
- 利用不可思议的现象造成悬念

图 7-17　利用悬念撰写标题的常见方法

悬念型标题的主要目的是增强短视频的可看性，因此视频号运营者需要注意，使用这种类型的标题，一定要确保短视频内容确实是能够让用户感到惊奇的、充满悬念的。不然就会引起受众的失望与不满，继而让他们对你的视频号产生质疑，影响它在用户心中的美誉度。

悬念型标题是视频号运营者青睐有加的标题形式之一，它的效果也是有目共睹的。如果不知道怎么拟定标题，悬念型标题是一个很不错的选择。如图 7-18 所示。

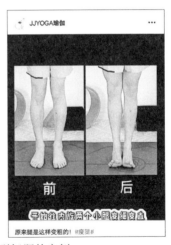

图 7-18　悬念型标题的案例

当然，这类标题一般只能够博取大众 1 ～ 3 次的眼球，很难保留长时间的效果。如果内容太无趣、无法达到文案引流的目的，那就是一篇失败的文案，会导致文案营销的效果也随之大打折扣。

因此，在设置悬念型标题的时候，需要非常慎重，最好是有较强的逻辑性，切忌为了标题走钢索，而忽略了文案营销的目的和文案本身的质量。

7.2.7 借势型：借助热门内容

借势是一种常用的标题制作手法，借势不仅完全是免费的，而且效果还很可观。借势型标题是指在标题上借助社会热点、新闻的相关词汇来给短视频造势，增加点击量。

借势一般都是借助最新的热门事件吸引受众眼球。一般来说，事实热点拥有一大批关注者，而且传播的范围也会非常广，标题借助这些热点可以让用户更容易搜索到该短视频，从而提高点击率。

那么，在创作借势型标题的时候，应该掌握哪些技巧呢？笔者认为，我们可以从3个方面来努力，如图 7-19 所示。

图 7-19　打造借势型标题的技巧

比如，有段时间，"淡黄的长裙，蓬松的头发"成为网络热点。这本是某选秀节目中一位学员所唱的 rap 中的一句词，但因为其特别洗脑而被网友调侃。很多视频号运营者便借这一热点发布了许多与之相关的短视频。如图 7-20 所示，为视频号"戴羽彤"发布在视频号上的短视频，吸引了不少视频号用户的关注。

图 7-20　借势型标题

在打造借势型标题的时候，要注意两个问题：一是带有负面影响的热点不要蹭，大方向要积极向上，带给受众正确的思想引导；二是最好在借势型标题中加入自己的想法和创意，做到借势和创意完美同步。

7.2.8　警告型：给出强烈暗示

警告型标题常常通过发人深省的内容和严肃深沉的语调给受众以强烈的心理暗示，从而给视频号用户留下深刻印象。尤其是警告型的新闻标题，常常被很多视频号运营者所追捧和模仿。

警告型标题是一种有力量且严肃的标题，通过标题能够给人以警醒作用，从而引起其他视频号用户的高度注意，它通常会将以下 3 种内容移植到短视频标题中，如图 7-21 所示。

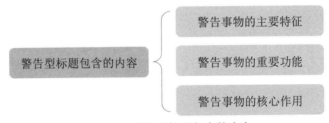

图 7-21　警告型标题包含的内容

那么，警告型标题应该如何构思打造呢？很多人只知道警告型标题能够起到比较显著的影响作用，容易夺人眼球，但具体如何撰写却是一头雾水。笔者在这里分享 3 点技巧，如图 7-22 所示。

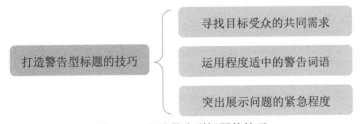

图 7-22　打造警告型标题的技巧

并不是每一个视频号短视频都可以使用这种类型的标题。

这种标题形式运用恰当，则能加分，起到其他标题无法替代的作用。运用不当，很容易让视频号用户产生反感情绪或引起一些不必要的麻烦。因此，视频号运营者在使用警告型新闻标题的时候要谨慎小心，注意用词恰当与否，绝对不能草率行文，不顾内容胡乱取标题。

警告型标题可以应用的场景很多，无论是技巧类的短视频内容，还是供大众娱乐消遣的娱乐八卦新闻，都可以用到这一类型的标题形式。

图 7-23 所示为带有警告型标题的短视频。标题中的"警惕"二字就非常吸引人眼球，当视频号用户看到这个标题时，就会忍不住想看视频里面的内容。而且这则短视频内容是和我们日常生活息息相关的，所以发布之后得到了不少视频号用户的评论和支持。

图 7-23　警告型标题

选用警告型标题，主要是为了提升视频号用户的关注度，更大范围地传播短视频。因为警告的方式往往更加醒目，如果这样做可能会让你的利益受损，那么可能本来不想看的那些视频号用户，也可能会选择观看，因为涉及自身利益的事情用户都是比较关心的。

7.2.9　急迫型：营造紧张气氛

很多人或多或少都会有一些拖延症，总是需要在他人的催促下才愿意动手做一件事。富有急迫感的标题就有一种类似于催促受众赶快查看短视频的意味在里面，它能够给视频号用户传递一种紧迫感。

急迫型标题往往会让视频号用户产生如果不立即看就会错过什么的感觉，

从而立马查看短视频。那么，这类标题具体应该如何打造呢？笔者将其相关
技巧总结为 3 点，如图 7-24 所示。

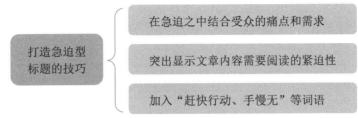

图 7-24　打造急迫型标题的技巧

急迫型标题，是促使受众行动起来的最佳手段，而且也是切合受众利益
的一种标题打造方法。图 7-25 所示为急迫型标题的典型案例。

图 7-25　急迫型标题案例

📱 7.2.10　观点型：表达自身想法

观点型标题，是以表达观点为核心的一种标题撰写形式，一般会精准到
某个人，并且把他的人名镶嵌在标题之中，然后在人名的后面紧接其对某件
事的个人观点或看法。

观点型标题比较常见，而且可使用的范围比较广泛。这类标题写起来比
较简单，基本上都是"人物＋观点"的形式。笔者总结了 5 种观点型标题常
用公式，供大家参考，如图 7-26 所示。

图 7-26　观点型标题的常用公式

  当然，公式是一个比较刻板的东西，在实际撰写过程中，不可能完全按照公式来做，只能说它可以为我们提供大致的方向。那么，在具体的观点型标题撰写时，有哪些经验技巧可以借鉴呢？如图 7-27 所示。

图 7-27　观点型标题的撰写技巧

  观点型标题的好处在于一目了然，"人物＋观点"的形式往往能在第一时间引起受众的注意，特别是当人物的名气比较大时，可以更好地提升短视频的点击率，如图 7-28 所示。

图 7-28　观点型标题的案例

7.2.11 独家型：分享独有资源

独家型标题，也就是从标题上体现视频号运营者所提供的信息是独有的珍贵资源，值得用户点击和转发。从视频号用户的心理方面而言，独家型标题所代表的内容一般会给人一种自己率先获知、别人没有的感觉，因而在心理上更容易获得满足。

在这种情况下，好为人师和想要炫耀的心理就会驱使受众去转发短视频，成为短视频潜在的传播源和发散地。

独家型标题会给受众带来独一无二的荣誉感，同时还会使得短视频内容更加具有吸引力，那么，在撰写这样的标题时，我们应该怎么做呢？是直接点明"独家资源，走过路过不要错过"，还是运用其他的方法来暗示视频号用户这则短视频的内容是与众不同的呢？

在这里，笔者想提供 3 点技巧，帮助大家成功打造出夺人眼球的独家型标题，如图 7-29 所示。

图 7-29 打造独家型标题的技巧

使用独家型标题的好处在于可以吸引到更多的受众，让视频号用户觉得短视频内容比较珍贵，从而主动宣传和推广，达到广泛传播的效果。图 7-30 所示为独家型标题的典型案例。

独家型标题往往也暗示着文章内容的珍贵性，因此撰写者需要注意，如果标题使用的是带有独家性质的表达，就必须保证短视频的内容也是独一无二的。独家型标题要与独家内容相结合，否则会给视频号用户造成不好的印象，从而影响后续短视频的点击量。

图 7-30　独家型标题的案例

🗨 7.2.12　数字型：具体量化信息

数字型标题是指在标题中呈现出具体的数字，通过数字形式来概括相关主题内容。数字不同于一般文字，它会带给视频号用户比较深刻的印象，与视频号用户的心灵产生奇妙的碰撞，很好地吸引用户的好奇心理。采用数字型标题有不少好处，具体体现在 3 个方面，如图 7-31 所示。

图 7-31　数字型标题的好处

数字型标题很容易打造，因为它是一种概括性标题，只要做到 3 点就可以，如图 7-32 所示。

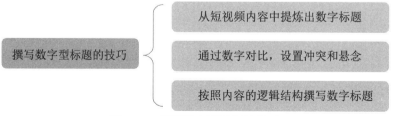

图 7-32　撰写数字型标题的技巧

此外，数字型标题还包括很多不同的类型，比如时间、年龄、金钱等，具体来说可以分为3种，如图7-33所示。

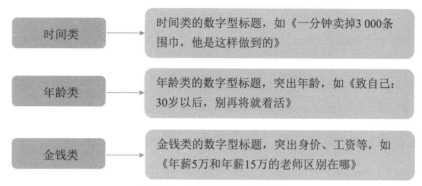

图7-33　数字型标题的类型

数字型标题比较常见，它通常会采用悬殊的对比、层层的递进，营造一个比较新奇的情景，对受众产生视觉上和心理上的冲击。图7-34所示为数字型标题的案例。

图7-34　数字型标题的案例

事实上，很多内容都可以通过具体数字总结和表达，只要把想重点突出的内容提炼成数字即可。同时还要注意的是，在打造数字型标题的时候，最好使用阿拉伯数字，统一数字格式，尽量把数字放在标题前面。当然，这也需要视频号运营者根据视频内容来选择。

7.3 撰写误区：6 大撰写标题的误区

在撰写标题时，视频号运营者还要注意不要走入误区，一旦标题失误，便会对短视频的数据造成不可小觑的影响。本节将从标题容易出现的 6 大误区出发，介绍如何更好地打造短视频标题。

💬 7.3.1 表述含糊：降低用户对内容的期待

在撰写标题时，要注意避免为了追求标题的新奇性而出现表述含糊的现象。很多视频号运营者会为了使自己的短视频标题吸引更多用户的目光，一味地追求标题上的新奇，这可能会导致标题的语言含糊其词。

何为表述含糊？所谓"含糊"，是指语言不确定，即表达方式或表达的含义模棱两可。在标题上表述"含糊"，如果只看标题，那么其他视频号用户完全不知道运营者想要说的是什么，会让这些用户觉得整个标题都很乱，完全没有重点。

因此，在撰写标题时，要注意标题表达的清晰性，重点要明确，要让视频号用户在看到标题的时候，就能知道短视频内容大致讲的是什么。一般来说，要想表述清晰，就要做到找准内容重点，明确内容中的名词，如人名、地名、事件名等。

💬 7.3.2 无关词汇：不适于账号的长期运营

一些视频号运营者为了让自己的标题变得更加有趣，使用一些与标题没有多大联系，甚至根本没有关联的词汇夹杂在标题之中，想以此达到吸引用户注意力的效果。

这样的标题可能在刚开始时能引起视频号用户的注意，但时间一久，他们便会拒绝这样随意添加无关词汇的标题，这样的结果所造成的影响对于视频号或者品牌来说是长久的。

所以，视频号运营者在撰写标题时，一定不要将无关词汇使用到标题当中去。在标题中使用的无关词汇，也有很多种类型，如图 7-35 所示。

在标题中使用无关词汇的类型
- 玩与主题无关的文字游戏
- 无意义、无关联的双关语
- 使用与表达主题无关的噱头

图 7-35 在标题中使用无关词汇的类型

在标题的撰写当中，词汇的使用一定要与内容有所关联，运营者不能为了追求标题的趣味性就随意乱用词汇。应该学会巧妙地将词汇与标题的内容紧密结合，融会贯通，只有这样，才算得上是一个成功的标题。否则，不仅会对视频号用户造成一定程度的欺骗，也会变成所谓的"标题党"。

7.3.3 负面表达：导致用户出现"趋利避害"心理

撰写一个标题，其目的就在于吸引视频号用户的目光，提升视频点击率。基于这一情况，也让标题出现了一味追求吸睛而大面积使用负面表达的情况。

人天生都愿意接受美好的东西，趋利避害是人的天性，无法改变。这一情况也提醒着视频号运营者，在撰写标题时要尽量避免太过负面的表达方式，而多用正面的、健康的、积极的方式表达出来，给视频号用户一个好的引导，如图 7-36 所示。

图 7-36 正面表达的标题案例

💬 7.3.4　虚假自夸：对用户造成欺骗和误导

视频号运营者在撰写标题时，虽说要用到文学手法，比如夸张、比喻等，但这并不代表就能毫无上限地夸张，把没有的说成有的，把虚假的说成真实的。比如，在没有准确数据和调查结果的情况下冒充"第一"，这在标题的撰写当中是不可取的。

视频号运营者在撰写标题时，要结合自己发布的短视频内容的实际情况，来进行适当的艺术上的描写，而不能随意夸张，胡编乱造。如果想要使用"第一"或者意思与之差不多的词汇，不仅要得到有关部门的允许，还要有真实的数据调查。如果随意使用"第一"，不仅对视频号的运营有不好的影响，还会对视频号用户造成欺骗和误导。当然，这也是法律所不允许的。

💬 7.3.5　比喻不当：导致标题失去存在意义

比喻式的文案标题能将某事物变得更为具体和生动，具有化抽象为具体的强大功能。所以，采用比喻的形式撰写标题，可以让视频号用户更加清楚地理解标题当中出现的内容，或者是视频号运营者想要表达的思想和情绪。这对于提高短视频的相关数据也是能起到十分积极的作用的。

但是，在标题中运用比喻，也要注意比喻是否得当的问题。一些作者在追求用比喻式文案标题来吸引视频号用户目光的时候，常常会出现比喻不当的错误，也就是指本体和喻体没有太大联系，毫无相关性的情况。

一旦比喻不当，就很难在文案标题之中达到自己想要的表达效果，那么标题也就失去了它存在的意义。这不仅不能被视频号用户接受和喜爱，还可能会因为比喻不当让用户产生质疑和困惑，从而影响短视频的传播效果。

💬 7.3.6　强加于人：使得用户产生抵触心理

强加于人，就是将一个人的想法或态度强行加到另一个人身上，不管对方喜不喜欢，愿不愿意。在撰写标题当中，"强加于人"就是指视频号运营者将本身或者某一品牌的想法和概念植入到标题之中，强行灌输给用户，给用户一种盛气凌人的感觉。

当一个标题太过气势凌人的时候，视频号用户不仅不会接受该标题所表达的想法，还会产生抵触心理——越是想让用户看，这些视频号用户就越是不会看；越是想让用户接受，用户就越是不接受。如此循环往复，最后受损失的还是视频号运营者自己，或者是某品牌自身。例如，《如果秋冬你只能买一双鞋，那必须是它》《今年过节不收礼，收礼只收洁面仪！》就是"强加于人"的典型标题案例。

又如，视频号短视频的标题中出现"必须"这类字眼，会给其他视频号用户带来不好的体验，也是"强加于人"的一种表现，如图7-37所示。

图7-37 强加于人的标题类型

#油腻大叔#识别指南！给各位小姐姐！

/第/8/章/

文案打造：让视频号内容的吸引力倍增

🕽 学前提示 🕽

一条成功的短视频除了内容要精彩，视频文案也是非常重要的一部分。好的视频文案，能够快速吸引视频号用户的注意力，并为发布视频的账号增加大量粉丝。那么，如何才能写好视频文案，做到吸睛、增粉两不误呢？这一章，笔者就来给大家支一些招。

🕽 要点展示 🕽

- 玩转文字：6个方法让表达更合用户口味
- 写作思路：5个方面揭秘文案感染力来源
- 评论区文案：3个角度分析评论写作技巧
- 文案营销：5个禁区切记不要触碰

8.1　玩转文字：6 个方法让表达更合用户口味

文案写手是专业的文字工作者，需要一定的文字水平。而要想更高效率、更高质量地完成文案任务，除了掌握写作技巧之外，还需要学会玩转文字，让表达更合乎微信视频号用户的口味。

8.1.1　语义通俗易懂：减少用户时间成本

文字要通俗易懂，能够做到雅俗共赏。这既是文案文字的基本要求，也是在文案创作的逻辑处理过程中，写手必须了解的思维技巧之一。

从本质上而言，通俗易懂并不是要将文案中的内容省略掉，而是通过文字组合展示要表达的内容，让视频号用户看到文案之后能够心领神会。用户看不太懂或者需要花一定时间思考的文案，则会让视频号损失一部分流量。

例如，视频号"koso 吃深圳"发布的短视频文案就非常通俗易懂，让其他视频号用户一看就知道要讲南方人和北方人在喝可乐方面的差异，如图 8-1 所示。通俗易懂的文案不需要用户琢磨文案的意思，节省了用户的时间成本，对内容有兴趣的用户自然不会错过。

图 8-1　通俗易懂的文案文字

从通俗易懂的角度出发，我们追求的主要是文字所带来的实际效果，而非文学上的知名度。那么，如何让文字起到更好的实际效果呢？视频号运营者不妨从以下两方面进行考虑。

（1）是否适合视频的内容；

（2）是否适合视频的目标受众。

8.1.2 删除多余内容：不易引起用户反感

文案失败的原因众多。在可避免的问题中，文字多余累赘是主因，其导致的结果主要包括内容毫无意义、文字说服力弱和问题模棱两可等。

解决文字多余问题最为直接的方法就是将其删除，这也是强调与突出关键字句最为有效的方法。图 8-2 所示为两个视频号的文案。虽然两个视频讲的内容大不相同，但是它们有一个共同点，就是视频的文案精简，没有不重要的内容。

图 8-2　删除多余内容的简洁文案

删除多余的内容对于各种短视频文案来说其实是一种非常聪明的做法：一方面，多余的内容删除之后，重点内容更加突出，视频号用户能够快速把握运营者要传达的意图；另一方面，多余的内容删除之后，内容将变得更加简练，同样的内容能够用更短的时间进行传达，视频号用户不容易产生反感情绪。

8.1.3 少用专业术语：提供良好阅读体验

专业术语是指特定领域和行业中，对一些特定事物的统一称谓。在现实生活中，专业术语十分常见，如在家电维修业中将集成电路称作IC；添加编辑文件称加编等。

专业术语的实用性不一，但是从文案写作的技巧出发，往往需要将专业术语用更简洁的表达方式替代。专业术语的通用性比较强，但是文案中往往不太需要。相关的数据研究也显示，专业术语并不适合给大众阅读，尤其是在快节奏的生活中，节省阅读者的时间和精力，提供良好的阅读体验才是至关重要的。

图8-3所示为某视频号的视频文案部分内容。可以看到，在这则文案中有一些行外人看不太懂的词汇，如"PayPal黑帮"。这样就会让一些不太懂行的视频号用户看后一头雾水，而且视频对"PayPal黑帮"并没有进行解释和说明，只是将书本上的专业知识读了出来，用户看完视频后还是不懂。减少术语的使用量并不是不使用术语，而是控制使用量，并且适当对专业术语进行解读，把专业内容变得通俗化。

图8-3　使用专业术语的文案

8.1.4 内容重点突出：留住用户看完视频

文案主题是整个文案的生命线，文案人员的主要职责就是设计和突出主题。应以内容为中心，用简短的文案突出重点内容，并确保文案与视频内容相互呼应。

如图 8-4 所示，该视频收集了几个男士发型，调查视频号用户的喜好。运营者直接将自己的目的用比较大的字号写了出来，放在视频画面正上方，让其他视频号用户一看就明白。

图 8-4　重点突出的文案

需要注意的是，要想突出文案中心内容，还要提前对相关受众群体有一个定位。

除了醒目的重心内容之外，文案中的重要信息也必须在一开始就传递给受众。优秀的文案应该简洁干练，突出重点，适合内容、适合媒介、适合目标群体，形式上不花哨，不啰唆。

8.1.5　思路清晰顺畅：便于用户理解用意

在文案创作中，常用的思路主要有归纳、演绎、因果、比较、总分和递进等，其中应用最为广泛的，主要是归纳、演绎和递进 3 种。而这 3 种写作思路同样都遵循循序渐进的基本要求，其相关分析如图 8-5 所示。

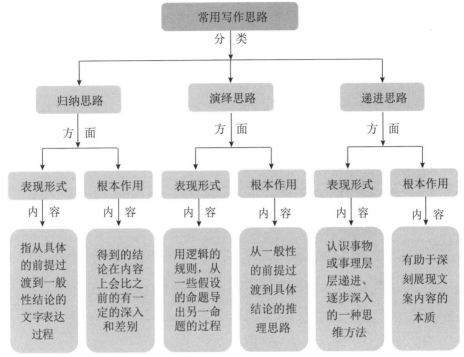

图 8-5 常用写作思路的相关分析

例如，视频号"杨航"发布的短视频，就利用文案的添加厘清了整个短视频内容的逻辑关系。从开始的介绍被人揪衣领怎么办，然后到动作分解，这样写就显得比较有条理，其他的视频号用户就更容易理解，如图 8-6 所示。

图 8-6 重点突出的文案

8.1.6　适当控制长度：避免用户失去耐心

控制字数，将整体内容的字数控制在一个可以接受的范围内，主要是为了避免用户失去耐心，突出视频内容。

控制段落字数同样有突出内容的作用，在长篇文案中采用较多，主要是起到强调作用。让整篇文案显得长短有致，这同样考验了文案写手的能力。

用一句话作为单独的文案，突出展现内容是文案写作的常用技巧。一句话模式能够突出内容，也能够使呆板的文案变得生动。如果突然出现一句话成为单个段落，读者的注意力就会被集中过来，如图 8-7 所示。

图 8-7　一句话文案展示

8.2　写作思路：5 个方面揭秘文案感染力来源

文案是宣传中较为重要的一个环节，优秀的文案具备强大的感染力，能够给视频带来巨大流量。在信息繁杂的网络时代，并不是所有文案都能够获得成功，尤其是对于缺乏技巧的文案而言，获得成功并不是轻而易举的事情。

从文案写作角度出发，文案内容的感染力主要来源于 5 个方面，而我们写文案时，就需要从这 5 个方面重点进行考虑。

📑 8.2.1 规范宣传：避免平台限流

随着互联网技术的快速发展，每天更新的信息量都是十分惊人的。"信息爆炸"的说法主要就是来源于信息的增长速度，庞大的原始信息量和更新的网络信息量以新闻、娱乐和广告信息等方式影响着每一个人。

要想让文案被大众认可，并从庞大的信息量中脱颖而出，首先需要做到的就是准确和规范。这两点做不到对视频号运营会产生不好的影响，甚至被平台限流。

在实际应用中，准确性和规范性是文案写作的基本要求，具体的内容分析如图8-8所示。

准确规范的文案写作要求

- 文案中的表达应该是较规范和完整的，主要是避免语法错误或表达残缺
- 避免使用产生歧义或误解的词语，保证文案中所使用的文字要准确无误
- 不能创造虚假的词汇，文字表达要符合大众语言习惯，切忌生搬硬套
- 以通俗化、大众化词语为主，但内容不能低俗和负面

图8-8　准确规范的文案写作要求

图8-9所示的文案就是不符合规范的。文案明显透露出拜金主义的意味，向视频号用户传达的是一种负面的形象。可以想象，当其他视频号用户看到这则有些哗众取宠的文案时，多少会有一些反感。

图8-9　不符合规范的文案

切记，准确和规范的文案信息更能够被受众理解，从而促进其有效传播。

8.2.2 打造热点：吸引更多用户

热点之所以能成为热点，就是因为有很多人关注，把它给炒热了。而一旦某个内容成为热点之后，许多人便会对其多一分兴趣。所以，在文案写作过程中如果能够围绕热点打造内容，便能起到更好地吸引用户的目的。

例如，有段时间电视剧《鬓边不是海棠红》热度很高，很多观众都非常喜欢这部剧，有网友利用这一热点制作了短视频并发布在视频号上。他的文案非常有意思，"淡黄的长裙"是非常有热点的一段 rap 里面的词，而吃播一直以来在短视频都是比较火的，把热播的电视剧和当下流行的东西结合起来，制造新的看点，如图 8-10 所示，无疑会更加吸人眼球。

图 8-10　围绕热播剧打造的文案

根据某些网友们平时讨论比较多的热点话题打造文案，也是受视频号用户喜欢的。不知道从什么时候开始，"油腻大叔"这个话题热了起来，而且热度不减。看某部电视剧或者某部综艺，甚至是生活中遇到某个人，都可能会对号入座，还有网友总结出了"油腻大叔"的若干标准。图 8-11 所示为视频号"张桓"发布的短视频。其视频文案就是根据"油腻大叔"这一热门话题来写的，发布之后获得了不少点赞。

还有脱发这类持续时间比较长的热门话题，也是很多网友们喜欢调侃自己或者他人的点，根据这类话题写视频文案，然后搭配偏调侃的视频内容，会比较容易吸引用户观看。

图 8-11　围绕热点"油腻大叔"打造的文案

8.2.3　立足定位：做到精准表达

精准定位也是对文案的基本要求，每一个成功的文案都具备这一特点。了解自己的目标受众，根据目标受众人群的属性，打造精准的文案，更有利于受众接受，达到想要的传播效果。

如图 8-12 所示，为视频号"M 的试衣间"发布的有关穿搭的短视频。短视频中的文案就写得比较精准，第一个明确文案说明视频中的搭配适合体重在120 斤以下偏瘦小的男生，第二个则指明视频展示的是春天休闲运动风格的搭配。视频号用户看到文案之后，就可以直接对号入座，选择自己喜欢的视频内容。

图 8-12　立足视频定位的文案

这类文案文字虽然简单，但胜在精准，这对视频号短视频来说是非常加分的。视频文案很明确地指出了目标受众人群，这样能够快速吸引大量对这类内容感兴趣的用户的目光，获得他们的青睐。

当然，视频号运营者首先需要知道自己的目标受众是什么。一般情况来说，运营者在拍摄视频初期就会确定自己所拍摄视频的目标受众，然后写手会根据目标受众的特征属性和视频内容来创作文案。那写手如何精准表达内容定位呢？可以从4个方面入手，如图8-13所示。

```
                        ┌─────────────────────────────────┐
                        │ 简单明了，以尽可能少的文字表达出产品精髓，保证 │
                        │ 信息传播的有效性                  │
                        └─────────────────────────────────┘
                        ┌─────────────────────────────────┐
 ┌──────────────┐       │ 尽可能打造精练的文案，用于吸引受众的注意力，也 │
 │ 精准内容定位的 │──┤      │ 方便受众迅速记忆相关内容          │
 │   相关分析   │       └─────────────────────────────────┘
 └──────────────┘       ┌─────────────────────────────────┐
                        │ 使用简短句式，更好地表达文字内容，防止受众产生 │
                        │ 阅读上的反感                      │
                        └─────────────────────────────────┘
                        ┌─────────────────────────────────┐
                        │ 从受众出发，对用户需求进行换位思考，并将相关的 │
                        │ 有针对性的内容直接表现在文案中     │
                        └─────────────────────────────────┘
```

图 8-13　精准内容定位的相关分析

8.2.4　表达个性：赢得更多关注

形象生动的文案表达，可以营造出很好的画面感，从而加深受众的第一印象，让受众看一眼就能记住文案内容。如图8-14所示，为视频号"蹦迪小山猫"发布的视频。该视频的文案就能给人留下比较深刻的印象，前后文案的风格不同，刚好对应了视频中人物前后不同的性格，吸引了不少视频号用户的关注。

图 8-14　个性鲜明的文案

一则生动形象的文案可以通过清晰的别样表达，在吸引受众关注、快速让受众接受的同时，激发受众对文案内容的兴趣，从而使得受众观看、点赞、评论和转发。

🗨 8.2.5　具有创意：激发用户兴趣

创意对于任何行业的文案都十分重要，尤其是在网络信息极其发达的社会，自主创新的内容往往能够让人眼前一亮，进而获得更多的关注。

如图 8-15 所示，为华为 P40 在视频号上发布的广告视频截图。视频中有一个摄像头"变身"的过程，配上"这不是擎天柱"的文案，可谓创意十足，而且其文案和我们熟悉的事物有联系，能够加深用户的印象。

创意是为文案主题服务的，所以文案中的创意必须与主题有着直接关系。创意不能生搬硬套，牵强附会。在常见的优秀案例中我们发现，文字和图片的双重创意往往比单一创意更能够打动人心。

图 8-15　创意十足的新媒体文案

有一点笔者需要强调一下，写作者在创作创意文案的时候，注意文案内容的表达最好能满足如下要求，即词语优美、方便传播、易于识别、内容流畅、契合主题、易于记忆和突出重点。

8.3 评论区文案：3 个角度分析评论写作技巧

说到文案，大多数视频号运营者可能更多的是想到短视频中的内容文案。其实，除此之外，还有一个必须重点把握的文案，那就是评论区的文案。那么，评论区文案的写作有哪些技巧呢？这一节笔者就来进行具体分析。

8.3.1 自我评论：补充视频内容

视频号中发布的短视频，其视频文案能够呈现的内容相对有限，有的内容需要进行补充。此时，视频号运营者便可以通过评论区的自我评论来进一步丰富文案内容的表达。

另外，短视频刚发布时，可能看到的用户不是很多，也不会有太多用户评论。此时进行自我评论，也能为该视频吸引更多的流量。

视频号运营者在发布短视频之后，主动根据视频内容进行的自我评论，可以补充视频内容，可以介绍视频拍摄背景和里面涉及的人物，也可以提醒用户看完视频后记得转发，如图 8-16 所示。

图 8-16 根据视频内容自我评论

💬 8.3.2　回复评论：引导用户情绪

除了自我评论补充视频信息之外，视频号运营者在创作评论文案时，还需要做好一件事，那就是通过回复评论解决用户的疑问，引导用户的情绪，从而提高视频转发量。还有一些运营者利用视频号来发布广告，同样可以通过回复评论，提高产品的销售量。

如图8-17所示，视频号运营者在短视频发布之后，对评论区中视频号用户的一些疑问进行了回复，让用户明白什么时候可以开始购买、怎么样购买、适合什么样的人群、制作产品的细节等。用户的疑问得到解答之后，用户的购买需求自然会得到一定的提升。

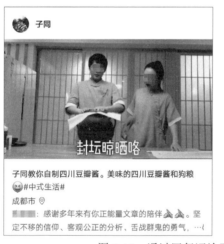

图8-17　通过回复评论引导用户

💬 8.3.3　注意事项：提高文案价值

回复其他用户的评论看似是一件再简单不过的事，实则不然。回复评论时需要注意以下事项。

1. 第一时间回复评论

视频号运营者应该尽可能地在第一时间回复用户评论，这主要有两个方面的好处：一是快速回复能够让用户感觉到你对他（她）很重视，这样自然能增加这些用户对你和你的视频号的好感；二是回复评论能够从一定程度上增加短视频的热度，让更多视频号用户看到你的短视频。

在短视频发布后的一段时间内，应及时查看用户评论。一旦发现有新的评论，便在第一时间作出回复。

2. 不要重复回复评论

对于相似的问题，或者同一个问题，最好不要重复回复，这主要有两个原因。

一是很多视频号用户的评论中或多或少会有一些营销的痕迹，如果重复回复，那么整个评论界面便会看到很多有广告痕迹的内容，而这些内容往往会让其他用户产生反感情绪。二是相似的问题，点赞相对较高的问题会排到评论区的靠前位置，视频号运营者只需对点赞较高的问题进行回复，其他有相似问题的用户自然就能看到。而且这还能减少工作量，节省时间。

3. 注意规避敏感词汇

对于一些敏感问题和敏感词汇，回复评论时一定要尽可能地进行规避。当然，如果避无可避，也可以采取迂回战术，如不对敏感问题作出正面的回答、用其他意思相近的词汇或用谐音代替。

 # 8.4 文案营销：6个禁区切记不要触碰

很多视频号运营者运营视频号的最终目的是变现，而发布广告是比较理想的，也是常用的手段。前面说到的视频内容文案的写作和发布广告营销文案的写作，方法其实是相通的，笔者这里不再赘述。

这一节重点讲一下文案写作的禁区，因为正常的视频文案出现违规现象的比较少，所以这里主要是以营销文案为例，讲一讲视频号运营者在文案编写过程中需要注意的6个禁区，即中心不明、全而不精、高量低质、错误频出、脱离市场、半途而废。

与硬广告相比，文案不仅可以提高品牌的知名度、美誉度，同时发在门户站点的文案更能增加网站外链，提升网站权重。然而，想要撰写出一个好的文案并非易事，它对写作者的专业知识和文笔功夫有着很高的要求。

不少运营人员和文案编辑人员在创作文案时，往往因为没有把握住文案编写的重点事项而以失败告终。

8.4.1　中心不明：降低内容可看性

有的文案人员在创作文案时喜欢兜圈子，可以用一句话表达的意思非要反复强调，不但降低了内容的可视性，还可能会令读者嗤之以鼻。尽管文案是广告的一种，但它追求的是"润物细无声"，在无形中将所推广的信息传达给目标客户，过度地说空话、绕圈子，会有华而不实之嫌。

此外，文案的目的是推广，因而每篇文案都应当有明确的主题和内容焦点，并围绕该主题和焦点进行文字创作。

图 8-18 所示为酷狗音乐和网易云音乐广告文案的部分内容。文案刚出来时还在网上引起了不小的讨论。无论是酷狗的"就是歌多"，还是网易云音乐的"音乐的力量"，它们的中心都很明确，而且文字非常简练，受众看到就能明白其想要表达的中心意思，受众群体也乐于接受这样的营销文案。像这类文案就是广告营销文案中较为成功的案例。

图 8-18　中心明确的广告文案

有的创作文案偏离主题和中心，乱侃一通，导致受众一头雾水，营销力大打折扣。广告文案的主要目的是营销，而如果在一个文案中既看不到品牌，也看不到任何营销推广的意图，那么这就是一则中心主题不明确的文案。

8.4.2 全而不精：失去文案的价值

文案写作无须面面俱到，只要有一两个亮点即可，这样的文案才不会显得杂乱无章，并且更能抓住核心。如今，很多文案在传达某一信息时，看上去就像记"流水账"一般，毫无亮点，这样的文案没有太大价值，并且由于其内容较多，往往导致可看性大大降低，让受众不知所云。

不管是怎样的文案，都需要选取一个细小的点来展开脉络，总归一个亮点，才能将文字有主题地聚合起来，形成一个有价值的文案。

8.4.3 高量低质：达不到理想效果

文案相对其他营销方式成本较低，成功的文案也有一定的持久性，文案发布后就会始终存在，除非发布网站倒闭。

事实上，文案营销并不是靠数量就能取胜的，更重要的还是质量，一个高质量的文案胜过十几个质量一般的文案。然而事实却是，许多视频号运营者为了保证推送频率，宁可发一些质量相对较差的文案。

比如，有的视频号几乎每天都会发布短视频，本来是要推销自家的石雕，但是由于原创内容很少，结果往往内容发布出来之后没有多少人看，更谈不上营销效果，如图 8-19 所示。

图 8-19 非原创且与自己视频号主题无关的文案

除此之外，还有部分视频号运营者仅仅将广告内容的推送作为自己要完成的任务，只想着按时完成，而不在意这个广告是否可以吸引到目标用户。甚至于有的运营者会将完全相同的文案内容多次发布。这一类文案，质量往往没有保障，点击量等数据也会比较低。

针对"求量不求质"的运营操作误区，视频号运营者应该怎样避免呢？办法有两个，具体如下。

- 加强学习，了解文案营销流程，掌握文案撰写基本技巧；
- 聘请专业文案营销团队，因为他们不像广告公司和公关公司那样业务范围比较广，他们专注于文案撰写，文案质量通常很高。

8.4.4　错误频出：影响用户的观感

众所周知，报纸杂志在出版之前，都要经过严格审核编校，保证文章内容的准确无误，尤其是涉及重大事件或国家领导人，一旦出错就需要追回重印，损失巨大。文案常见的书写错误包括文字、数字、标点符号以及逻辑错误等方面，文案撰写者必须认真校对。

（1）文字错误。文案中常见的文字错误主要是错别字，例如一些名称错误，包括企业名称、人名、商品名称、商标名称等。

（2）数字错误。参考国家《出版物上数字用法的规定》等有关要求，数字使用有三种情况：一是必须使用汉字，二是必须使用阿拉伯数字，三是汉字和阿拉伯数字都可用，但要遵循"保持局部体例上的一致"这一原则，在报刊等文章校对检查中错得最多的就是第三种情况。

此外，较为常见的还有数字丢失，如"中国人民银行2018年第一季度社会融资规模增量累计为5.58亿元"。我们知道，一个大型企业每年的信贷量都在几十亿元以上，何况整个国家的货币供应量才"5.58亿元"？所以，根据推测应该是丢失了"万"字，应为"5.58万亿元"。

（3）标点错误。无论是哪种文章，标点符号错误都是应该尽力避免的，在文案创作中，常见的标点错误包括以下几种。

一是引号用法错误。这是标点符号使用中错得最多的。不少报刊对单位、机关、组织的名称，产品名称、牌号名称都用了引号。其实，只要不发生歧义，名称一般不用引号。

二是书名号用法错误。证件名称、会议名称（包括展览会）不用书名号。但有的报刊把所有的证件名称，不论名称长短，都用了书名号，这是不合规范的。

三是分号和问号用法错误。这也是标点符号使用中错得比较多的。主要是简单句之间用了分号：不是并列分句，不是"非并列关系的多重复句第一层的前后两部分"，不是分行列举的各项之间，都使用了分号，这是错误的。

还有的两个半句，合在一起构成一个完整的句子，但中间也用了分号。有的句子已经很完整，与下面的句子并无并列关系，该用句号，却用成了分号，这也是不对的。

（4）逻辑错误。所谓逻辑错误是指文案的主题不明确，全文逻辑关系不清晰，存在语义与观点相互矛盾的情况。

8.4.5 脱离市场：最终结果是失败

文案，尤其是营销文案，多是关于企业产品和品牌的内容，这些产品和品牌是处于具体市场环境中的，其所针对的目标也是处于市场环境的具有个性特色的消费者，因此，不了解具体的产品、市场和消费者情况是行不通的，其结果必然是失败。

所以，在编写和发布文案时，必须进行市场调研，了解产品情况，才能写出切合实际、能获得消费者认可的文案。在文案编写过程中，应该充分了解产品，具体分析如图 8-20 所示。

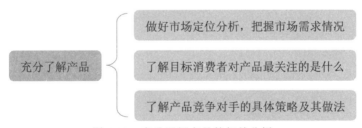

图 8-20　充分了解产品的相关分析

而从消费者方面来说，应该迎合消费者的各种需求，关注消费者感受。营销定位大师特劳特曾说过："消费者的心是营销的终极战场。"文案也要研究消费者的心理需求，也要从这里出发，具体内容如下。

（1）安全感。趋利避害是人的本能反应，内心的安全感是人最基本的心理需求，把产品的功用和安全感结合起来，是说服客户的有效方式。

比如，新型电饭煲的平台销售文案说，这种电饭煲在电压不正常的情况下能够自动断电，有效保障用电安全。这一要点，对于关心电器安全的家庭主妇一定是个攻心点。

（2）价值感。别人的认可是一种自我价值实现的满足感。将产品与实现个人价值结合起来可以打动客户。脑白金之所以打动消费者，恰恰是因为满足了他们孝敬父母的价值感。

例如，销售豆浆机的文案可以这样描述："当孩子们吃早餐的时候，他们多么渴望不再去街头买豆浆，而喝上刚刚榨出来的纯正豆浆啊！当妈妈将热气腾腾的豆浆端上来的时候，看着手舞足蹈的孩子，哪个妈妈会不开心呢？"一种做妈妈的价值感油然而生，会激发为人父母的消费者的购买意念。

（3）支配感。"我的地盘我做主"，每个人都希望表现出自己的支配权利来。支配感不仅是对自己生活的一种掌控，也是源于对生活的自信，更是文案要考虑的出发点。

（4）归属感。归属感实际就是标签，你是哪类群体，无论是成功人士、时尚青年，还是小资派、非主流，每个标签下的群体都有一定特色的生活方式，他们使用的商品、他们的消费都表现出一定的亚文化特征。

比如，对追求时尚的青年，销售汽车的文案可以写："这款车时尚、动感，改装也方便，是玩车一族的首选。"对于成功人士或追求成功的人士可以写："这款车稳重、大方，开出去见客户、谈事情比较得体，也有面子。"

8.4.6 半途而废：失去潜在的流量

文案营销的确需要坚持发布文案。如果把平台文案运营比作一顿丰盛的午餐，那么，文案的干货内容就是基础食材，文案的编写是食材的相互组合和创意制作，文案的发布就是餐盘的呈现顺序和摆放位置。这些都需要有一个全盘策划。

文案营销的整体策划，需要考量企业的行业背景和产品特点，根据企业的市场背景做出方案，而不仅仅是文案发布这一个动作。关于文案的策划流程，具体如图 8-21 所示。

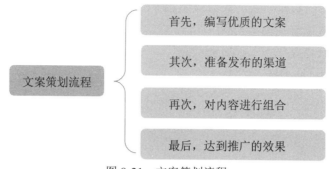

图 8-21　文案策划流程

　　文案营销是一个长期过程，别想着只发一个文案就能带来多少流量，带来多大效益，也不是"三天打鱼，两天晒网"，今天发十个，下个月想起来了再发几个，毫无规律。

　　文案营销从实质上来说，并不是直接促成交易，但长期有规律的文案发布可以提升企业品牌形象，提高潜在客户成交率。所以，要想让文案营销对受众产生深刻影响，还得长期坚持文案推送。

　　潜在用户一般是通过广告认识企业，但最终让他们决定购买的往往是长期的文案催化。用户长期见到这个品牌文案，就会不知不觉地记住它，潜意识里会形成好印象，当他们有一天需要相关产品时，就会购买了。

　　因此，在微信视频号平台运营中，文案的编写和发布是需要持之以恒的，"坚持就是胜利"。对文案营销而言，并不只是说说而已，它要求去具体实施，并在这一过程中获取胜利的目标。对于坚持而言，它有两个方面值得运营者注意，一是方向的正确性，二是心态与行动的持续性。

　　（1）方向的正确性。只有保证在坚持的过程中方向正确，才能不会有与目标南辕北辙的情况出现，才能尽快实现营销目标。在文案营销中，方向的正确性具体可表现在市场大势的判断和营销技巧、方式的正确选择上。

　　（2）心态与行动的持续性。文案营销过程中，必须在心态上保持不懈怠、行动上继续走下去才能更好地获得成功。视频号运营者要想获得预期的文案营销效果，长久的、坚持不懈的经营是不可或缺的。

如何用玫瑰 🌹 拍摄伤感短视频？#手机摄影训练营##手
机摄影##摄影技巧##摄影教程##摄影#关注微信公众
号【手机摄影训练营】学习更多摄影拍摄技巧📷
📍 上海市·上海北外滩白玉兰广场
✂ 如何用微信视频号打造个人IP？

#征集#你手机里最不舍得删的一张照片。中国少年报，
期待你的【独家故事】
📍 北京市

/第/9/章/

搜索优化：让账号和内容的排名更靠前

🕿 学前提示

视频号搜索入口是一个重要的分享和引流入口，因为有了分享入口和粉丝入口，视频号的搜索入口才会更大。

因此，运营者要做好视频号的排名优化工作，通过搜索的优化，全面占领流量。

🕿 要点展示

- 搜索优化：3个方法提高视频号排名
- 流量占领：6个步骤研究搜索关键词
- 设置技巧：5个角度提升内容曝光率
- 优化策略：4个方向发挥关键词作用

9.1 搜索优化：3个方法提高视频号排名

影响微信视频号搜索排名的因素有很多，不同类型、不同领域的视频号都有其不同的影响因素，视频号运营者首先需要从视频号的搜索入口分析，找出能够优化视频号搜索排名的方法。

9.1.1 取名优化：解决重点问题

在微信视频号中，运营者要想提高自己视频号的搜索排名，需要重点解决如下两个问题。

1. 视频号名称如何取

用户搜索视频号，主要是直接使用关键词进行搜索，因此，视频号的名称要在直观上给用户一种能够满足他的需求的感受。那么，运营者要如何取一个在直观感受上就能够吸引用户眼球的名称呢？下面从体现领域特征、满足用户需求和恰当的组合这3个方面分析介绍。

（1）体现领域特征。选出视频号要涉及的类别中最关键、最具特征的词语，比如摄影方面的关键词有摄影、摄影师、构图、手机、拍照、日记、旅游等，如图9-1所示。

图9-1 与摄影有关的视频号名称

（2）满足用户需求。分析出能够满足自己视频号目标受众用户需求的词语，比如体现技巧全面性的关键词有大全、一本通、攻略、技巧、方法、训练营、玩转等，如图 9-2 所示。

图 9-2　满足用户需求类的视频号名称

（3）恰当组合。根据视频号的特点、受众、定位等多方面的综合组建几个最适合主题且无人注册的名称，从关键词匹配度考虑挑出最合适的。如图 9-3 所示为手机摄影与训练营的组合。

图 9-3　恰当组合的视频号名称

2.视频号标题如何取

视频号运营者在视频号上发布的内容，如果想要吸引更多用户观看，那么就需要重视视频作品的标题。笔者在第 7 章已经介绍过怎么打造爆款标题，这里就不再一一介绍了。由于用户搜索是直接用关键词，所以，笔者在这里主要说的是标题中的关键词。

下面笔者从视频号标题的关键词热度、关键词个数和关键词主题这三个方面以图解形式分析介绍，如图 9-4 所示。视频号运营者要学会举一反三，将取名的方法熟练运用。

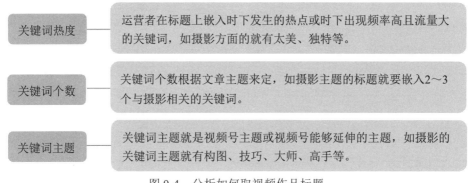

图 9-4　分析如何取视频作品标题

9.1.2　品牌运营：引导主动分享

品牌运营者在销售产品时总是强调要建立品牌形象，扩大品牌影响力，而大多数普通运营者则只强调要建立品牌形象，可见，建立品牌形象对运营者的重要性。

用户都愿意主动去搜索那些优秀的品牌或口碑好的品牌旗下的产品，因此，品牌形象可以作为运营者的流量入口。

运营视频号也一样，建立自己的品牌形象有利于增加粉丝数量和增强粉丝黏性，那么视频号运营者如何建立品牌形象呢？下面以图解的形式分析介绍，如图 9-5 所示。

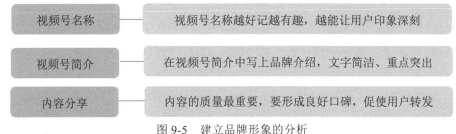

视频号名称	视频号名称越好记越有趣，越能让用户印象深刻
视频号简介	在视频号简介中写上品牌介绍，文字简洁、重点突出
内容分享	内容的质量最重要，要形成良好口碑，促使用户转发

图 9-5　建立品牌形象的分析

建立品牌形象最重要的还是内容质量，用户看到了有质感的内容，才会接受内容，主动分享，形成病毒式传播。标题写得再好，没有好的内容质量做支撑，也不利于品牌的长久发展。所以运营者不要一味地注重分享和推广，内容制作方面也要下功夫。

9.1.3　粉丝黏性：增加存留实力

增强粉丝黏性就是培养更多活跃粉丝的支持和促进粉丝推荐。粉丝黏性越大，流量入口就越大。下面笔者从 3 个方面介绍增强粉丝黏性的方法。

1. 用活动活跃氛围

在视频号运营中，举办活动是最能提升用户黏性的方法，也是最直接的推广引流技巧。

图 9-6 所示为视频号"中国少年报"举办的照片征集活动。该活动主要是征集大家手机里面最不舍得删的照片，得到了不少用户支持。

图 9-6　"中国少年报"举办的照片征集活动

2. 用人脉圈汇集铁粉

对视频号的运营来说，铁杆粉丝的行为具有积极作用，对娱乐明星来说，不论是出专辑、拍写真、开演唱会，还是电影公映，铁杆粉丝都一定会支持。因此，运营者要增强粉丝黏性，可以将已有的粉丝通过建立粉丝群汇集起来，打造铁粉。

3. 创造话题引领分享

在当今信息飞速发展的时代，无话题不营销，话题就是一个搜索入口，一个流量入口，即使是有身份有地位的大企业家也免不了时不时地被拿出来博眼球，炒话题，比如王某某的"网红"、刘某某的"奶茶"炒作时间早已过去但还是持续热议。

9.2 流量占领：6 个步骤研究搜索关键词

在视频号搜索中，关键词对搜索结果有着极为重要的影响，关键词是表达主题内容的重要部分。一般来说，用户是直接输入关键词进行需求搜索的，因此，想要在视频号搜索这个流量入口上引流，首先就要让别人能搜索到自己的内容，那么，运营者第一步就需要研究关键词。

9.2.1 释义：如何理解关键词

运营者要想更全面地深入视频号搜索世界，就得依靠"关键词"。"关键词"可以决定视频号发布的内容是否成功，只要关键词放置得当，就能为企业或个人创造出一定的营销收益。

一个优秀的视频号运营者，需要比较好的写作基础和视频制作能力，以及敏锐的产品与消费者观察力，才能完整地把握视频号中应该拥有的关键词。

关键词一般会涉及产品、服务、企业、网站等，可以有一个，也可以有多个。一般来说，视频号搜索中关键词有以下 3 种。

1. 核心关键词

所谓"核心关键词"，就是与视频号发布内容主题相关的最简单的词语，同时也是搜索量最高的词语。比如，某视频号是一个 SEO（Search Engine Optimization，搜索引擎优化）服务型平台，那么该视频号的核心关键词就可以是"SEO、网站优化、搜索引擎优化"等。

此外，核心关键词也可以是产品、企业、网站、服务、行业等的名称或是这些名称的一些属性、特色的词汇，例如××减肥茶、××公司、××网、××摄影师等。那么，我们应该如何选择核心关键词呢？

（1）与视频号紧密相关

这是视频号短视频内容核心关键词选择中最基本的要求。做服装销售的，选电脑器材作关键词，那肯定不行的，核心关键词与整个视频号的主题内容必须息息相关。

核心关键词要与视频号的紧密关系具体表现在 3 个方面：一是要让搜索者明白视频号是做什么的，也就是要与视频号的领域有关联；二是要让搜索者了解视频号能够提供什么服务，也就是要表现视频号的功能；三是要让搜索者知道视频号能为其解决什么问题，也就是要突出视频号的价值和特色。

（2）符合用户搜索习惯

视频号运营者最终的目的还是希望能变现，那么就需要为自己的受众服务。既然这样，关键词的设置就要考虑到用户的搜索情况。所以在选择关键词的时候，视频号运营者可以列出几个核心关键词，然后换一下角色，思考当自己是用户的时候会怎么搜索，从而保证核心关键词的设置更加接近真实的用户搜索习惯。

（3）有竞争性的热词

很多的词容易被搜索到，其原因之一就是由于有竞争，被大家搜索次数较多的词才是有价值的词。但是这样的词一般都比较热，而与其相对的是冷门的关键词，虽然排名好做，但却没人去搜索，这是为什么呢？因为这类关键词排名虽好做，但比较偏，属于没有多少人关心的领域，并不能引起用户的兴趣。

2. 辅助关键词

辅助关键词，又称为相关关键词或扩展关键词，主要是对视频号内容中核心关键词进行补充和辅助,与核心关键词相比,辅助关键词的数量更为丰富,更能够说明视频号运营者的意图,对视频有优化作用。

辅助关键词的形式有很多种,它可以是具体的某个词汇,也可以是短语、网络用语、流行词,只要是能为视频号引流吸粉,都可以称为辅助关键词。例如,视频号发布的短视频内容其核心关键词是"摄影",那么,"手机摄影""相机""短视频"等都是非常好的辅助关键词。

在视频号中,运营者可以通过对核心关键词进行相应增删得到辅助关键词。例如,核心关键词"摄影"与"技巧"这个词组合后,就产生一个新的辅助关键词"摄影技巧",如图9-7所示。

图 9-7　"摄影""技巧"组成新的辅助关键词

在视频号的搜索结果展示中,辅助关键词可以有效增加核心关键词的词频,提高视频号被检索的概率,从而增加视频号流量。具体来说,辅助关键词具有3个方面的作用——补充说明核心关键词、控制核心关键词密度和提高视频号检索概率。

3. 长尾关键词

长尾关键词是对辅助关键词的一个扩展,一般是一个短句。例如,一家 SEO 服务型的视频号的长尾关键词就是"哪家 SEO 服务公司好、平台 SEO 服务优化找谁"等。

长尾关键词的特征是比较长，往往由 2 ～ 3 个词，甚至是短语组成，除了视频号的标题，还存在于短视频文案内容中。视频号大部分的搜索流量来自于长尾关键词。一般来讲，长尾关键词的拓展方式有以下几种。

（1）流量统计工具

虽然视频号暂时没有自己的流量统计工具，但是我们可以通过其他平台的流量统计数据来预测视频号搜索热词。

比如，抖音、快手等短视频平台可以通过飞瓜数据平台统计各平台自己的用户浏览的流量，分析出用户的搜索行为，即用户在抖音、快手等短视频平台上的搜索热词和热门话题。如图 9-8 所示，为飞瓜数据的页面截图。这样，视频号运营者就能知道关键词的拓展方向，然后才能使拓展出的关键词具有价值。

图 9-8　飞瓜数据的页面截图

视频号运营者在视频号暂时还没有流量统计工具的时候，可以先借鉴抖音、快手等其他短视频平台的用户搜索数据，判断视频号关键词的拓展方向。

（2）问答平台及社区

问答平台是网友用来解决问题的直接渠道之一，如百度知道、搜搜问问、天涯问答等，问答平台上虽然充斥着大量的推广和广告问答，但也有不少真实用户的问答。而且，在问答平台中回复网友问题的人，大多数是专家或问题的相关领域工作者，因此，平台中会出现大量具有专业性或口语化的长尾关键词，运营者如果能掌握这一部分词汇，拓展长尾关键词的难度会减小很多。

（3）站长工具及软件

目前站长工具像站长之家、爱站网、站长帮手都有类似的关键词拓展查询，并给出关键词的搜索量以及优化难度，能使运营者拓展出具有一定价值和流量的关键词。

（4）搜索引擎的工具

百度竞价的后台就是一种可以用来拓展长尾关键词的搜索引擎工具，还有谷歌的网站管理员工具和百度的凤巢竞价后台，都是非常好的查询关键词的工具，而且在搜索的次数和拓展词量上也比较真实可靠。

（5）拆分组合

拆分组合是一种很常见的拓展方式，它主要是将视频号目标关键词进行分析，然后拆分组合，使其变成一个新的关键词，由此产生大批量的关键词。虽然与之前的几种方法相比，这种方法在性价比上没有那么高，但是可以全方位地进行拓展，将关键词都覆盖住，因此它是一种全面撒网式的拓展方法。

（6）其他方法

除了以上方法外，运营者还可以抓取竞争对手或同行视频号中好的长尾词，进行分析和筛选，存入关键词库。又或者是利用一些风云榜、排行榜数据，截取中心词来拓展长尾词。

9.2.2 评估：关键词存在的价值

什么是有价值的目标关键词？简单来说，有人搜索的目标关键词才有价值，因此，视频号运营者就要研究关键词，知道哪些关键词确实是有用户在搜索。

而运营者要发掘有价值的目标关键词，其实就是要避免那些没价值的目标关键词，通常没有价值的目标关键词具有以下两个表现，如图9-9所示。

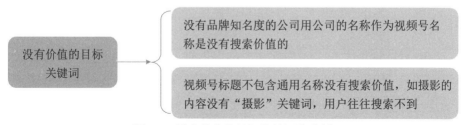

图9-9　没有价值的目标关键词的分析

🗨 9.2.3 有效：关键词流量转化

为什么要研究关键词抢占视频号搜索流量入口？运营者要清楚，引流的目的不只是获得更多流量，更重要的是将流量进行有效地转化，以此获得更多粉丝和销量。下面还是以视频号"手机摄影训练营"为例，为大家进行分析介绍。

视频号"手机摄影训练营"因为在关键词优化上做得很好，所以很容易被视频号用户搜索到。所以，该视频号"手机摄影训练营"获得不少用户的关注，如此一来该视频号的粉丝数量也得到增长。如图 9-10 所示，为视频号"手机摄影训练营"的视频号内容页面截图。

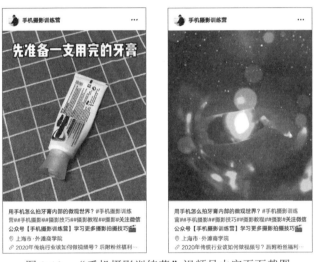

图 9-10 "手机摄影训练营"视频号内容页面截图

有了数量众多的粉丝作为基础，视频号之后再进行引流、发展会员、组织变现活动时就能更加顺利，具体分析如图 9-11 所示。

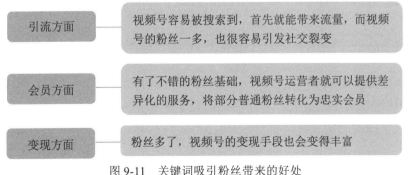

图 9-11 关键词吸引粉丝带来的好处

9.2.4 具化：关键词细化服务

关键词对于搜索排名至关重要，因此，运营者在选择关键词时，需要通过分析对关键词进行具化，从而细化服务，让你选择的关键词更好地满足目标受众的需求。对此，运营者需要重点做好 3 个方面的工作。

1. 从行业状况分析

视频号运营者运营一个视频号肯定需要事先去了解该视频号所在行业的视频号数量以及排名情况，确定关键词也是一样。例如，企业的视频号是美食类账号，那么，在视频号搜索时就要以"美食"这个主关键词去了解行业的关键词状况，如图 9-12 所示。从图中可以看出，美食行业一般都以"美食"为关键词，且比较常见、比较热门的视频号都是以做"美食"为关键词的。

图 9-12　在视频号搜索"美食"

2. 分析竞争关键词

视频号运营者集合行业关键词主要还是为了能够找到适合自己视频号的关键词，能够增加视频号的粉丝。但是，关键词也具有竞争性，运营者想要在行业中脱颖而出，应先分析关键词的竞争性，具体可以从以下方面入手：

- 关键词相关性；
- 关键词搜索量；
- 关键词商业价值。

一般来说，选择性的关键词，即二级关键词，与主关键词相比，它的竞争力要小，在关键词的搜索量上也相差不大，但是发展时间较长，若运营者的时间允许，可以先从二级关键词进行推广引流。

例如，用户直接用"餐厅"这个主关键词搜索，能够搜索到与餐厅有关的所有内容，如图9-13所示。而用户使用"餐厅装修"二级关键词，就只能搜索到关于餐厅装修的内容，如图9-14所示。

 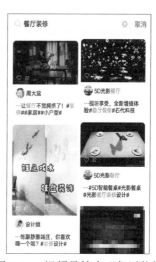

图9-13　视频号搜索"餐厅"　　　图9-14　视频号搜索"餐厅装修"

3. 预计关键词价值

预计关键词搜索的流量和价值一般是大公司的研究项目，个人及小型企业的视频号能够找到适合的关键词就不需要做这一步工作了。而且预计流量对公司视频号的发展很重要，一般会有专门团队负责进行分析和总结。下面笔者从以下方面进行分析介绍。

（1）确定目标关键词的排名。运营者根据在百度指数或其他关键词分析工具上的关键词竞争指数，分析预计视频号用此类关键词能得到什么样的排名。预计排名肯定不会与实际排名一样，无论排名如何，运营者都要根据得到的实际情况进行关键词的再次分析，以便下次更好地进行排名预计。

（2）预计关键词流量和效果。运营者确定了关键词的排名后，需要根据已有的搜索次数、预计排名、搜索结果页来预计关键词流量和效果，下面从两个方向进行分析，如图9-15所示。

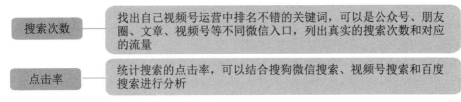

| 搜索次数 | 找出自己视频号运营中排名不错的关键词，可以是公众号、朋友圈、文章、视频号等不同微信入口，列出真实的搜索次数和对应的流量 |
| 点击率 | 统计搜索的点击率，可以结合搜狗微信搜索、视频号搜索和百度搜索进行分析 |

图 9-15　预计关键词流量和效果的分析方向

4. 预计关键词流量的价值

运营者预计流量也是为了实现盈利，因此，预计关键词流量的价值也是公司的一个项目。得出预计流量后，运营者结合转化率、平均销量和平均每单的盈利这 3 项数据就可计算出其流量价值。

9.2.5　匹配：增加搜索成功概率

搜索信息与被搜索视频号内容的匹配度是搜索成功的关键，只有搜索信息与目标视频号内容产生一定的匹配关系，目标视频号内容才可能被搜索系统检索到，通常搜索的流程如图 9-16 所示。

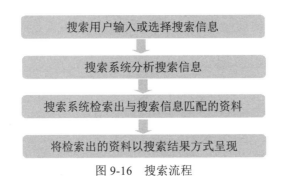

搜索用户输入或选择搜索信息

搜索系统分析搜索信息

搜索系统检索出与搜索信息匹配的资料

将检索出的资料以搜索结果方式呈现

图 9-16　搜索流程

可见搜索信息与被搜索视频号内容的匹配度直接影响着搜索结果，因此为了让视频号内容能被搜索者找到，运营者十分有必要了解匹配度的相关知识。

一般影响视频号内容的搜索结果的匹配因素有 3 个，分别是时间匹配度、类别匹配度和信息匹配度，下面是具体说明。

1. 时间匹配度

在视频号上，运营者发布的所有内容，在账号页面都可以看到，而且它是按照时间排序的，最新发布的内容在最上面，发布时间越长的会越往下排，视频号用户可以根据内容发布的时间来查找目标内容，如图 9-17 所示。

　　媒体对于一些重大的社会时事的报道也往往会附上时间日期，这也成了想要了解这方面社会时事的读者搜索视频号内容的一个契机，他们会通过时间日期来搜索该社会时事的相关视频号内容，以了解更多相关信息。

图 9-17　视频号内容根据时间排列

　　在视频号发布的内容中，也经常能看到时间日期信息，如图 9-18 所示。搜索者以时间为标准，搜索视频号内容时，就很可能会匹配到与其搜索时间相关的视频号内容。

图 9-18　视频号中的时间信息

2. 类别匹配度

分类搜索是一种被广泛应用的搜索技巧，早期互联网上的搜索就是通过将网站进行分类，方便互联网用户根据自身需求进行匹配，查找目标网站。

对于没有明确目标的搜索者，也能通过分类搜索确定一个大致的查找方向。视频号也有不同的类型，比如财经类、情感类、教育类、技巧类等。

如果根据发布内容的视频号类型去对内容进行分类也不太合适，因为如今的视频号内容生产者都在向多元化方向发展，除了发自己账号垂直领域的内容，还会发布很多其他方面的内容，这时视频号运营者就可以将自己发布的内容进行简单分类，方便其他用户根据自身需求匹配内容。

常见的为视频号内容进行分类的方法有两种，一种是在标题里面加类别标签，另一种是在短视频封面上添加类别标签，如图 9-19 所示。

图 9-19　标题类别标签

3. 信息匹配度

信息的匹配度是影响视频号内容搜索结果的重要因素，大多数搜索者都是根据内容的信息进行搜索的，这些用于搜索的信息主要有两种，一是视频号标题的匹配度，二是视频内容的匹配度。

（1）视频号标题的匹配度。视频号标题是短视频内容的浓缩，应该体现视频内容的中心。

但在互联网文化的影响下，出现了一些以搞怪、搞笑为主题的视频内容，这些短视频的标题与视频内容并不相符，其视频号标题很可能还是对视频内容的歪曲和夸张，如图 9-20 所示。

图 9-20　夸张类视频号标题

这类标题没有切实反映视频内容，显然不能满足视频号内容搜索的匹配度，所以不是搞笑、搞怪类的视频号内容最好不要采用这种做法。

虽然这类夸张奇异的标题能一时吸引视频号搜索者的眼球，但是有些标题并不符合视频号实际内容，这也很容易引起用户的反感，不利于视频号的长期运营。所以，标题必须符合视频号发布的内容。

（2）视频内容的匹配度。不只视频号标题，视频内容也有主题跑偏，不符合实际的情况，在视频号中最常见的就是各类广告营销的视频。

对于这类广告营销的视频，多数搜索者是十分反感的，毕竟花费了时间精力搜索，得到的却是与目标无关的东西。

对于这类情况，运营者可以从标题和内容出发来增加视频搜索匹配度，一是在标题中添加"推广""好物"等标签，提醒搜索者这是广告；二是将广告推荐产品融入内容主题中，让搜索者在看到广告的同时也能获得搜索目标，这样搜索者就不会产生太强烈的反感情绪。

9.2.6　创新：主动思索新的关键词

当视频号运营者定下视频号内容主题的时候，思路很容易被已有的关键词或常用关键词限制，但用户的思维没有被限制，用户会根据不同的需求想到各种各样的关键词，然后在视频号上进行搜索。

这时，运营者就需要具备能够发现用户搜索关键词的技能，这样才能尽可能地吸引更多用户的关注。

那么，如何具备这样的发现技能呢？运营者应从发现新的关键词入手，下面笔者以图解的形式分析介绍，如图9-21所示。

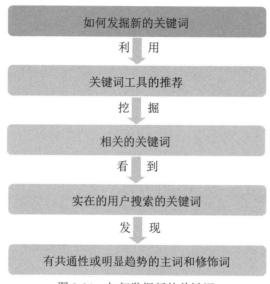

图9-21　如何发掘新的关键词

9.3 设置技巧：5个角度提升内容曝光率

对于商家企业来说，没有质量、没有效率的曝光自然得不到订单，如果商家认为产品的品牌影响力还没有达到深入人心的地步，可以从产品关键词的设置上入手，通过合理的关键词设置来获得曝光。下面，笔者介绍5种设置关键词的技巧。

9.3.1 用户：从用户角度思考

短视频营销的优势是能够消除人与人之间的距离感，运营者想知道用户如何搜索，就必须从用户角度去思考、选词，积累用户的搜索习惯。

1. 搜索习惯

用户无论是在网站上搜索，还是在视频号上搜索，搜索习惯始终不会改变。用户搜索习惯是指用户在搜索自己所需要的信息时，所使用的关键词形式，而对于不同类型的产品，不同的用户会有不同的思考和搜索习惯。这时，运营者就应该优先选择那些符合大部分用户搜索习惯的关键词形式。

用户在进行搜索时，输入不同的关键词会出现不同的搜索结果。对于同样的内容，如果用户的搜索习惯和视频号所要表达的关键词形式存在差异，那么，页面的相关性会大大降低，甚至会被排除在搜索结果之外，因为大部分用户在寻找 A 页面，而你提供的却是 B 页面。

因此，企业在进行关键词设置时，可以通过统计用户在寻找同类产品时所使用的关键字形式，分析用户的搜索习惯，不过这样的关键字只是适用于同类产品。

因为视频号暂时还没有推荐搜索功能，所以为了方便大家理解，我们以微信的"搜一搜"为例来讲用户的搜索习惯。

要分析用户在微信中的搜索习惯，可以在微信"搜一搜"的搜索栏中搜索"摄影"，搜索栏下方会显示出"摄影技巧""摄影大赛""摄影艺术欣赏""摄影比赛"和"摄影师"这 5 个结果，如图 9-22 所示。

图 9-22　微信搜索"摄影"

由上图可以看出，搜索结果数量大的会靠前显示，比较符合用户搜索习惯，如"摄影技巧"。用户的搜索习惯并不会因为平台不同而有大的变化，所以用户在"搜一搜"的搜索习惯同样也适用于视频号。

2. 浏览习惯

一般来说，在视频号上搜索视频内容的时候，大多数用户都是在用眼球扫描搜索结果，而在扫描过程中，通常只会注意到自己感兴趣的内容，将主要精力集中在对自己有用的内容或者自己喜欢的内容上面。

3.阅读习惯

人们的阅读习惯已经从传统的纸张转向互联网，又从互联网延伸到了移动互联网，尤其是手机 APP 应用和发展，使得移动端成为人们阅读的首选。

随着 5G 时代的到来，人们已经从以文章为载体的长内容阅读时代，进入以视频为载体的短内容阅读时代。在无所事事的时候，相较于需要花费很长时间去阅读公众号文章，他们更愿意刷短视频。

9.3.2 对手：向对手学习经验

常言道：知己知彼，百战不殆。在设置关键词时，建议运营者深入了解竞争对手的视频号，摸清其设置的关键词及布局情况，这样不仅能找到优化漏洞，还能掌握目前关键词的竞争热度，以便进行人力优化部署。

（1）运营者在视频号中搜索与自己产品相关的关键词，重点查看和摘录排名靠前的关键词，然后作对比分析。

（2）运营者到网站上查询搜索与自己同类型公司的公众号或视频号，然后分析他们的网站目录描述或公众号功能介绍、视频号简介，查看核心关键词或辅助关键词，统计出竞争者名单。

（3）运营者分析自己视频号上的客户信息，将客户购买的产品信息中出现的关键词统计出来，并按重要程度进行分类汇总，找出客户关注的重点关键词，从而进行更为精准的优化布局。

9.3.3 故事：以故事形式引入

用故事作引导的短视频推广必须由高手来操作，不然很容易偏题，因为过分注重故事的讲述，反而会忽略视频关键词的诱导。

好的故事应该紧紧围绕关键词本身来撰写，也就是为了这个关键词特别订制一个故事。而且，脑海里时时刻刻都要有关键词的概念，任何一句话，或者包袱的铺垫最后都要归结到关键词上。

9.3.4　娱乐：用八卦作关键词

谈论八卦是人们生活中不可缺少的娱乐方式，一般八卦新闻类视频号也最容易吸引广大的视频号用户。如果视频号运营者想通过八卦新闻来选择关键词，需要注意八卦的方向和内容，过于负面的明星八卦会引起明星粉丝的不满，不利于视频号的持续发展，还有就是不要传播谣言，要实事求是。

对于明星效应笔者认为，与其介绍现有的明星还不如制造属于自己视频号的明星。

现在十分火热的明星，很多完全是网友捧起来的。所以，运营者可以利用当地的热点，然后借机设置关键词炒作，引起网友热议，以此达到一鸣惊人的宣传效果。

例如，随着《青春有你2》这档节目的热播，一位名叫虞书欣的选手迅速蹿红，众多视频号运营者借此推出了与虞书欣相关的短视频，获得了大量的关注，如图9-23所示。

图9-23　视频号借助娱乐八卦获取关注

9.3.5　情感：心得体会中插入

很多视频号运营者都会在视频号上发一些心得体会来吸引用户，这些伪体验或伪感受主要是利用人们的同感来寻找彼此心灵上的融合点，通过大多数人都有的、共性较强的感受，引起用户点赞并关注视频号。

比如，现在的"90后"都比较关注娱乐新闻。他们在看一部电视剧、电影或节目时都会有自己的看法和心得，随即很自然地引出这些心得体会的来源，顺理成章地插入关键词。

让视频号用户在刷视频号内容时，在有一样的体验和感受的前提下，再很自然地过渡到对应的关键词上。这样的诱导技术我们称之为顺理成章型技术，其营销效果非常好。

优化策略：4个方向发挥关键词作用

从视频号的搜索来说，运营者想要利用关键词提高视频号排名，可以从4个指定搜索内容的方向进行关键词优化，发挥关键词的作用。

9.4.1 技巧：8个技巧优化关键词

视频号搜索的排名优化主要是对视频号内容及视频号名称的排名优化，优化的方法有很多，下面介绍几种有效的方法：

- 视频号标题关键词出现次数多于一个；
- 自然地出现关键词，不能刻意为之；
- 标题的第一句出现关键词；
- 在视频号发布内容的封面加入关键词；
- 在视频号标题中带入话题，并把关键词加入话题中；
- 别人原创的视频号内容，忌直接转载；
- 在视频号的评论中加入关键词引导；
- 内容围绕关键词展开，与视频号发布内容的主题有关。

9.4.2 预测：两个妙招预测关键词

许多关键词都会随着时间的变化而具有不稳定的升降趋势，运营者学会关键词的预测相当重要，下面从两个方面分析介绍如何预测关键词。

1. 预测季节性关键词

关键词的季节性波动比较稳定，主要体现在季节和节日两个方面，如服装产品的季节关键词会包含四季名称，如春装、夏装等，如图9-24所示。

图 9-24　季节性关键词

季节性关键词预测还是比较容易的，运营者除了可以从季节和节日名称上进行预测，还可以从以下方面进行预测，如图9-25所示。

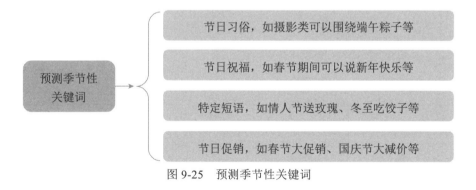

图 9-25　预测季节性关键词

2. 预测社会热点关键词

社会热点新闻是人们关注的重点，当社会新闻出现后，会出现一大波新的关键词，其中搜索量高的关键词就叫热点关键词。

因此，视频号运营者不仅要关注社会新闻，还要能够预测社会热点，抢占最有利的时间，预测出社会热点关键词。下面介绍一些预测热点关键词的方向供参考，如图 9-26 所示。

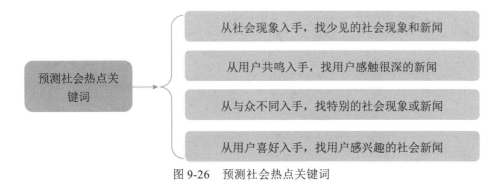

图 9-26　预测社会热点关键词

9.4.3　热点：以热点带动搜索量

已经成为热点的关键词，其本身就已经具有很高的搜索量，而且不需要运营者去预测。那么，什么样的关键词可以成为热点关键词呢？或者说运营者该如何去找热点关键词？具体如下：

- 社会热点现象、新闻；
- 即将播出的影视剧；
- 近期的体育动态；
- 当红的明星或网红；
- 生活小窍门、小技巧；
- 原创的、引人深思的内容；
- 点击量高的微信文章；
- 点赞量高的抖音、快手等平台的短视频；
- 身边人都在关注的事情；
- 微信热点内的新闻。

9.4.4　话题：用话题提升搜索机会

视频号用户在视频号搜索中使用关键词搜索时，通常话题中带有关键词的也会显示出来，如图 9-27 所示。

图 9-27 视频号搜索结果界面

　　视频号搜索的关键词搜索匹配度与视频号带入话题的匹配度非常高，运营者在话题中连接关键词的方法达到了优化目的。因此，运营者在发布视频号内容时，可以采用话题连接关键词的方法提高排名。

引流变现篇

引流增粉：从零开始养成百万粉丝大号

有的视频号运营者可能已经拥有了一定的粉丝量，但是目前却处于粉丝量缓速增长阶段。

此时，运营者便可以通过从各个平台引进流量的方式，让自己的视频号快速成长为一个大号。

● 视频号：6个角度聊内部引流

● 社交平台：3种方式进行微信引流

● 其他平台：多种方法挖掘潜在粉丝

● 线下平台：3种方式进行线下推广

10.1 视频号：从6个角度聊内部引流

关于视频号内部引流的问题，笔者在前面的章节或多或少提到过，所以这一节，主要是把前面那些关于视频号内部引流的问题归纳总结一下，再补充前面没有说到的内容。

笔者在这里从搜索引流、视频引流、标题引流、评论引流、话题引流、定位引流6个角度具体聊聊视频号内部引流。

10.1.1 搜索入口：找准关键词增加流量

搜索引流最好的方式就是抢占搜索入口，而抢占搜索入口最重要的部分就是视频号的关键词，其主要体现在视频号名称和视频号标题上。

例如，当用户搜索"摄影"时，视频号推荐的账号名称中都带有"摄影"两个字，如图10-1所示，推荐的视频号动态视频标题中也带有"摄影"两个字，如图10-2所示。

图10-1 搜"摄影"推荐的视频号账号

图10-2 搜"摄影"推荐的视频动态

📱 10.1.2　视频内容：优质作品吸引流量

视频号运营者想要做好视频引流，最关键的就是要创作出优质的视频。首先，运营者需要给自己的视频号做一个定位，而且定位应该是符合视频号目标受众要求的。

其次，根据视频号定位，确定视频号的账号名称，符合视频号定位的账号名称更容易被用户搜索和关注。

最后，便是视频号的内容创作。这是非常关键的一环。视频号的定位、名称再好，没有优质的内容作支撑，也无法有长远的发展。

如图 10-3 所示，为视频号"房琪 kiki"发布的短视频截图。该账号发布的视频都比较优质，从视频号定位到视频内容再到视频后期处理，都非常优秀，她的视频文案也很有想法，所以该账号得到了不少人的关注和点赞。

图 10-3　视频号"房琪 kiki"发布的短视频截图

视频号运营者不管是自己拍摄原创视频，还是在其他短视频基础上加入自己的改编，其内容都应该有亮点。还有，运营者最好能找到适合自己的视频风格。据以往的经验，不管视频内容是什么类型的，那些脑洞大、有创意的视频通常会更容易获得视频号用户的青睐。

优秀的后期处理对于短视频制作也是必不可少的，一个好的视频后期能给视频增色不少。视频号运营者可以多刷刷别人制作的短视频，尤其是那些比较热门的短视频，从中寻找灵感。

🗨 10.1.3 标题文案：妙笔生花赢取流量

一个好的标题，能够吸引大量视频号用户的关注，因为标题在视频号内容界面的最显眼处，用户在刷到一则短视频时，第一眼看到的是视频封面，第二眼便是标题。

目前视频号的内容封面都是视频开始的第一幕，没有办法自己设置，视频号运营者在没有办法改变内容封面的情况下，绝对不能失去标题这一阵地。

视频号标题应该简洁明了，当然，如果运营者文笔比较好，可以写得文艺一点。一般，文艺类标题都比较受欢迎，但是不可脱离视频内容的中心意思，标题与视频内容不符会引起用户的反感。

视频号的标题写得好，自然流量不会小。如图10-4所示为视频号"野行涛哥"标题页面截图。该标题语言简洁、中心明确，可以算得上是比较优秀的标题了。

图10-4 "野行涛哥"视频号截图

🗨 10.1.4 评论文案：幽默风趣留住流量

许多网友在网上看文章、刷视频的时候，会习惯性地去看评论。就拿微博来说，在某些热门微博的底下有很多评论，有些比较精彩的评论还会获得很多点赞和评论。图10-5所示为某热门微博。可以看到该微博的第一条评论有1 000多条回复，由此可见，评论如果利用得好，同样可以吸引巨大的流量。

图 10-5　某热门微博截图

那么视频号运营者如何在视频号上利用评论进行引流呢？笔者在第 8 章讲文案的时候说到过这个问题。

首先，视频号运营者可以进行自我评论，一是为了补全视频号的文案内容，二是为了在一定程度上提高评论量，因为在内容刚发布的时候看的人比较少，也不会有太多的人评论。

其次，视频号运营者最好是能做到第一时间回复用户评论。这样做的好处：一是可以让该用户觉得你对他足够重视，提高他对你的视频号的好感度，增强粉丝黏性；二是可以从一定程度上增加该短视频的热度，让更多视频号用户看到你发布的这则短视频。

自己评论的文案最好是偏轻松幽默的文风，根据抖音、快手等短视频平台的经验，偏幽默的评论会引起大量用户的跟评。

那怎么做到第一时间回复呢？视频号平台有消息通知功能，只要有用户点赞或评论，在你的视频号账号主页，就会提醒你有新的消息，点击 🔔 按钮，即可进入消息通知页面，如图 10-6 所示。短视频发布的一段时间内，视频号运营者最好及时查看回复。

记住，不要重复回复用户评论。尤其是评论比较多的时候，视频号运营者没有办法全部回复，可以选择点赞量高的评论或问题进行回复。对于相同的问题或评论可以只回复一次，如果都回复也不要用同样的文案，可以稍微改变一下。

图 10-6　视频号消息提醒

　　最后，视频号运营者在回复评论的时候要注意用词，对于一些敏感问题和敏感词汇，回复时能避则避，避无可避也要采取迂回战术。比如，不对敏感问题作出正面回答，或者用一些意思相近的词汇或用谐音代替敏感词汇，尽量不要引起其他用户的反感。

　　其实，在评论回复这方面，微信公众号平台有很多运营者做得不错，他们与粉丝之间的互动很真实可爱，比如"末那大叔""桌子的生活观""娱乐新青年"等。视频号用户在回复用户评论时可以借鉴一下。图 10-7 所示为公众号"末那大叔"的评论截图。

图 10-7　"末那大叔"评论截图

10.1.5 热门话题：讨论度高自来流量

话题引流就是指视频号运营者在发布内容的时候，要带上与所发布内容相关的话题一起发布。

视频号发布一次内容可以多带几个话题，这样用户在搜索这类内容或话题的时候就有更多的机会看到你的这则内容，自然也就达到了话题引流的目的。如图 10-8 所示为带话题的视频号内容。

图 10-8　带话题的视频号内容

10.1.6 添加定位：同城推荐获得流量

视频号是可以发布定位的，当用户点击视频号下方的定位图标时，就可以看到所定位城市全部的视频号动态。所以只要你添加了定位，当用户搜索相同地理位置的视频号时，你的视频号内容就会被平台推荐给用户，如图 10-9 所示。

一般视频号会推荐给用户同一城市的动态，这也不失为一个引流的好方法，所以，视频号运营者在发布内容时最好添加定位，这样能增加被推荐的机会。

图 10-9　在视频号添加定位

社交平台：3 种方式进行微信引流

　　许多热门社交平台中通常都聚集了大量用户。而对于视频号运营者来说，这些社交平台就潜伏着大量的潜在粉丝，如果能够通过一定的方法将这些社交平台的流量引至视频号，便可以直接实现粉丝量的快速增长。

　　视频号背靠的是用户量巨大的微信平台，怎么将微信用户转化为视频号用户呢？笔者这一节要讲的就是微信平台引流的问题。

　　微信平台引流可以从 3 个方面进行，一是微信聊天引流，二是朋友圈引流，三是公众号引流。

10.2.1　微信聊天：好友引流忠诚度高

　　微信聊天功能既是一个重要的沟通工具，也是一个引流推广的渠道。视频号平台开设了分享功能，视频号运营者可以利用该功能将短视频直接发送至微信聊天界面，从而达到引流推广的目的。

步骤 1　在视频号平台中，进入需要分享的视频号短视频播放界面。点击播放界面右上方的 ••• 图标，就会弹出分享页面，然后点击"发送给朋友"按钮，如图 10-10 所示。

图 10-10　进入分享页面

步骤 2 进入微信的"选择一个聊天"界面，在该界面中点击需要分享的对象，弹出"发送给"对话框，可以给要分享的好友留言，然后点击"发送"按钮，如图 10-11 所示。

图 10-11　发送给微信好友

步骤 3 操作完成后，微信聊天界面中如果出现视频号分享链接，就说明短视频分享成功了，如图 10-12 所示。被分享的对象只需点击链接便可进入视频号页面，播放对应的视频，这便达到了引流推广的目的。

图 10-12　成功发送给好友

微信群如果没有设置"消息免打扰"，群内任何人发布信息，群内其他人都会收到提示信息。因此，与朋友圈和微信订阅号不同，通过微信群推广短视频，可以让推广信息直达受众，受众关注和播放的可能性也就更大。

而且微信群内的用户都是基于一定目标、兴趣而聚集在一起的，如果运营者推广的是专业类视频内容，那么可以选择这一类平台。

10.2.2　朋友圈：用户黏性强便于引流

对于视频号运营者来说，虽然朋友圈一次传播的范围较小，但是从对接收者的影响程度来说，却有其他一些平台无法比拟的优势。

（1）用户黏性强，很多人每天都会去翻阅朋友圈；

（2）朋友圈好友间的关联性、互动性强，可信度高；

（3）朋友圈用户多，覆盖面广，二次传播范围大；

（4）朋友圈内转发和分享方便，易于短视频内容传播。

那么，在朋友圈中进行视频号短视频推广，视频号运营者该注意什么呢？在笔者看来，有 3 个方面是需要重点关注的。

（1）在拍摄视频时要注意开始拍摄时的画面的美观性。因为推送给朋友圈的视频是不能自主设置封面的，它显示的就是开始拍摄时的画面。当然，运营者也可以通过视频剪辑的方式保证推送视频"封面"的美观度。

（2）在推广短视频时要做好文字描述。因为一般来说，呈现在朋友圈中的短视频，好友看到的第一眼就是其"封面"，没有太多信息能让受众了解该视频内容。所以，在短视频之前，要把重要的信息放上去，如图 10-13 所示。

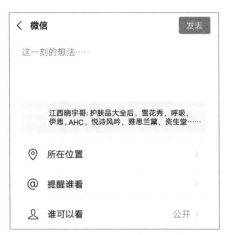

图 10-13　做好重要信息的文字表述

这样设置，一来有助于受众了解短视频，二来设置得好，可以吸引受众点击播放，然后点击发表，发表之后朋友圈的人就可以看到了。

（3）利用短视频推广商品时要利用好朋友圈评论功能。朋友圈中的文本如果字数太多，是会被折叠起来的，为了完整展示信息，可以将重要信息放在评论里进行展示。这样就会让浏览朋友圈的人看到推送的有效文本信息，这也是一种比较明智的推广短视频的方法。

🗨 10.2.3　公众号：用户基数大适于引流

微信公众号是个人、企业等主体进行信息发布并通过运营来提升知名度和品牌形象的平台。

视频号运营者如果要选择一个用户基数大的平台来推广短视频内容，且期待通过长期的内容积累构建自己的品牌或者个人视频号，那么微信公众平台是一个理想的传播平台。

在微信公众号上，视频号运营者如果想要借助短视频进行推广，可以采用多种方式来实现。其中使用最多的有两种，即"标题＋短视频"形式和"标题＋文本＋短视频"形式。图 10-14 所示为在微信公众平台进行短视频推广引流的案例。

图 10-14　在微信公众号进行短视频推广引流的案例

不管哪一种形式，都是能清楚地说明短视频内容和主题思想的推广方式。且在借助短视频进行推广时，也并不局限于某一个短视频的推广，如果视频号运营者打造的是有着相同主题的短视频系列，还可以把视频组合在一篇文章中联合推广，这样更有助于受众了解短视频及其推广主题。

10.3 其他平台：多种方法挖掘潜在粉丝

除了社交平台之外，一些资讯平台、视频平台和音频平台也是视频号运营者挖掘潜在粉丝的重要渠道。那么，如何从这些平台引流到视频号呢？这一节，笔者一一举例说明。

10.3.1　百度：善用PC端吸引用户

作为中国网民经常使用的搜索引擎之一，百度毫无悬念地成为互联网 PC 端强劲的流量入口。尤其是对于有自己产品的视频号运营者或者企业机构来说，利用百度引流不失为一个好的引流方式。

具体来说，视频号运营者借助百度推广引流主要可从百度百科、百度知道和百家号这 3 个平台切入。

1. 百度百科引流

百科词条是百科营销的主要载体，做好百科词条的编辑对视频号运营者来说至关重要。百科平台的词条信息有多种分类，但对于视频号运营者引流推广而言，主要的词条形式包括以下4种。

（1）行业百科。视频号运营者可以以行业领头人的姿态，参与到行业词条信息的编辑，为想要了解行业信息的用户提供相关行业知识。

（2）企业百科。视频号运营者所在企业的品牌形象可以通过百科进行表述，例如奔驰、宝马等汽车品牌，在这方面就做得十分成功。

（3）特色百科。特色百科涉及领域十分广阔，例如，名人可以参与自己相关词条的编辑。

（4）产品百科。产品百科是消费者了解产品信息的重要渠道，能够起到宣传产品，甚至促进产品使用和产生消费行为等作用。

对于视频号运营者引流推广而言，相对比较合适的词条形式无疑是企业百科。图10-15所示为百度百科中关于"三只松鼠"的相关内容，其采用的便是企业百科的形式。

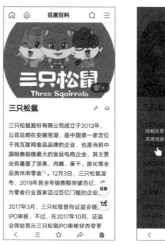

图10-15　"三只松鼠"的企业百科

在该百科词条中，"三只松鼠"这个名称多次出现，这便很好地增加了"三只松鼠"这个品牌的曝光率。而且百度百科还有目录，用户可以根据目录看自己想看的内容，这样不仅节省了用户的时间，不会让用户产生"懒得看"的心理，而且还为品牌增加一定的曝光度。

2.百度知道引流

百度知道在网络营销方面，具有很好的信息传播和推广作用，视频号运营者尤其是有自己产品的运营者或者企业机构，利用百度知道平台，通过问答的社交形式，可以快速、精准地定位客户。

百度知道在营销推广上具有两大优势：精准度和可信度高。这两种优势能形成口碑效应，对网络营销推广来说显得尤为珍贵。

通过百度知道来询问或作答的用户，通常对问题涉及的内容有很大兴趣。比如，有的用户想要了解"有哪些饮料比较好喝"，部分饮料爱好者就会推荐自己喜欢的饮料，提问方通常也会接受推荐去试用。

百度知道是网络营销的重要方式，因为它的推广效果相对较好，能为企业带来直接的流量和有效的外接链。

基于百度知道而产生的问答营销，是一种新型的互联网互动营销方式，问答营销既能为视频号运营者植入软性广告，同时也能通过问答来挖掘潜在用户。图 10-16 所示为 "OPPO 手机"的相关问答信息。

图 10-16 "OPPO 手机"在百度知道中的相关问答信息

一般来说，回答不止一个，你可以综合多人的回答，而且有的人回答问题非常认真和全面，值得借鉴。

像图中的这个问答信息中，不仅增加了"OPPO 手机"在用户心中的认知度，更重要的是对 OPPO 手机的相关信息进行了比较详细的介绍，回答者还添加了

OPPO 手机与其他手机比较的文章链接。用户看到该问答之后，会对 OPPO 这个手机品牌产生一些兴趣，这无形之中便为该品牌带来了一定的流量。

3. 百家号引流

百家号是百度旗下的一个自媒体平台，于 2013 年 12 月正式推出。视频号运营者入驻百度百家平台后，可以在该平台上发布文章，然后平台会根据文章阅读量给予运营者报酬，与此同时百家号还以百度新闻的流量资源作为支撑，帮助运营者进行文章推广、扩大流量。

百家号上涵盖的内容有 5 大板块，分别是科技、影视娱乐、财经、体育和文化。且百度百家平台排版十分清晰明了，用户在浏览新闻时非常方便。在每日新闻模块的左边是该模块最新的新闻，右边是该模块新闻的相关作家和文章排行。

值得一提的是，除了对品牌和产品进行宣传之外，视频号运营者在引流的同时，还可以通过内容的发布，从百家号上获得一定的收益。总的来说，百家号的收益主要来自三大渠道。

（1）广告分成：百度投放广告盈利后采取分成形式。

（2）平台补贴：包括文章保底补贴和百＋计划、百万年薪作者的奖励补贴。

（3）内容电商：通过内容中插入商品所产生的订单量和分佣比例来计算收入。

🗨 10.3.2 微博：利用热搜借势引流

在微博平台上，运营者进行短视频推广，除了微博用户基数大外，主要还是依靠两大功能来实现其推广目标，即"@"功能和热门话题。

首先，在进行微博推广的过程中，"@"这个功能非常重要。在博文里可以"@"明星、媒体、企业，如果媒体或名人回复了你的内容，就能借助他们的粉丝扩大自身影响力。若明星在博文下方评论，则会受到很多粉丝及微博用户关注，那么短视频定会被推广出去。

图 10-17 所示为"欧莱雅男士"通过"@"某明星并推广并吸引用户关注的案例。图 10-18 所示为没有"@"明星来推广的案例。非常明显，有"@"明星来推广的那条微博转发量、评论数、点赞数远远高于没有"@"明星的推广。

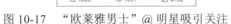

图 10-17 "欧莱雅男士" @ 明星吸引关注　　图 10-18 没有 @ 明星吸引关注

其次，微博"热门话题"是一个制造热点信息的地方，也是聚集网民数量最多的地方。视频号运营者要利用好这些话题，推广自己的短视频，发表自己的看法和感想，提高阅读和浏览量。

📱 10.3.3 今日头条：转发内容传播信息

今日头条是一款基于用户数据行为的推荐引擎产品，同时也是短视频内容发布和变现的一个大好平台，可以为消费者提供较为精准的信息内容。虽然今日头条在短视频领域布局了 3 款独立产品（西瓜视频、抖音短视频、火山小视频），但同时也在自身 APP 推出了短视频功能。

视频号运营者通过今日头条平台发布视频号短视频，从而达到引流的目的，下面介绍具体的操作方法。

步骤 1 登录今日头条 APP，点击"首页"页面右上角的"发布"按钮，如图 10-19 所示。

步骤 2 进入拍摄界面，可以选择点击下方的圆形按钮直接进行拍摄，也可以从相册中选择保存在本地的视频进行发布。如果选择保存在本地的视频进行发布，需要点击拍摄界面中的"上传"按钮，如图 10-20 所示。

图 10-19　点击"发布"按钮　　　　图 10-20　拍摄界面

步骤 3 执行操作后，进入如图 10-21 所示的视频选择界面，❶选择需要发布的视频；❷点击"下一步"按钮。

步骤 4 执行操作后，运营者可以查看视频内容，确认无误后，点击"下一步"按钮，如图 10-22 所示。

图 10-21　"相册"界面　　　　图 10-22　点击"下一步"按钮

步骤 5 进入"发布"界面，编辑文字内容（如果不想编辑，也可跳过这一步），如图 10-23 所示。执行操作后，即可完成发布。

图 10-23 "发布"界面

除了发布短视频引流之外，拥有抖音的头条号运营者还可以借助绑定今日头条和抖音实现粉丝的快速增长，从而为视频号引流。那么，抖音与今日头条如何绑定呢？

步骤1 登录抖音短视频 APP，进入"设置"界面，选择"账号与安全"选项，如图 10-24 所示。

步骤2 进入"账号与安全"界面，选择界面中的"第三方账号绑定"选项，如图 10-25 所示。

图 10-24 选择"账号与安全"选项　图 10-25 选择"第三方账号绑定"选项

步骤3 进入"第三方账号绑定"界面，选择界面中的"进入头条"选项，如图 10-26 所示。

步骤4 进入今日头条登录界面，❶输入手机号和验证码；❷点击"授权并登录"按钮，如图 10-27 所示。

图 10-26　选择"今日头条"选项　　图 10-27　点击"进入今日头条"按钮

步骤 5 进入抖音授权登录界面，点击界面中的"授权并登录"按钮，如图 10-28 所示。

步骤 6 操作完成后，返回"第三方账号绑定"界面。此时，界面中如果弹出"绑定成功"对话框，就说明绑定成功了。绑定完成后，抖音运营者还可点击对话框中的"开启同步"按钮，进行视频的同步，如图 10-29 所示。

图 10-28　点击"授权并登录"按钮　　图 10-29　弹出"绑定成功"对话框同步视频

步骤7 操作完成后，同步按钮将显示开启，如图 10-30 所示。另外，此时返回"设置"界面，抖音运营者就会看到界面中多了一个"账号互通"板块，如图 10-31 所示。

图 10-30　同步按钮显示开启

图 10-31　出现"账号互通"板块

10.3.4　视频平台：发布视频展示账号

同样是以视频为主的平台，许多视频平台与视频号之间有共通之处。这也为视频号运营者从其他视频平台引流到视频号提供了一些便利。

其实，视频平台引流的方法都差不多，都是让视频平台的用户知道你的视频号，然后去关注你的视频号。让各个视频平台用户知道你视频号的手段也差不多。笔者这里以优酷、爱奇艺和西瓜视频为例讲解视频平台的引流。

1. 优酷引流

优酷是国内成立较早的视频分享平台，其产品理念是"快者为王——快速播放，快速发布，快速搜索"，以此来满足多元化的用户需求，并成为了互联网视频内容创作者（在优酷中称为"拍客"）的集聚地。

在优酷拍客平台上，不管你使用的是专业摄像机，还是一部手机，也不管你是直接拍摄视频，还是将视频号等平台发布的短视频进行搬运，只要是喜欢拍视频的人，都可以成为"拍客"。

除了"拍客"频道外，优酷还支持用户在优酷个人中心上传自己的视频。图 10-32 所示为优酷个人中心页面截图。用户点击"上传"，就可以上传手机上自己喜欢的视频了。用户在上传视频的时候，可以通过对视频进行描述，介绍视频的来源，以吸引用户关注你的视频号。

图 10-32　优酷个人中心页面截图

2. 爱奇艺引流

爱奇艺是一个以"悦享品质"为理念的视频网站，创立于 2010 年。在短视频发展如火如荼之际，爱奇艺也推出了信息流短视频产品和短视频业务，加入了短视频发展领域。

一方面，在爱奇艺 APP 的众多频道中，有些频道就是以短视频为主导的，如大家喜欢的资讯、热点和搞笑等。另一方面，它专门推出了爱奇艺纳逗 APP，这是一款基于个性化推荐的、以打造有趣和好玩资讯为主的短视频应用。

当然，在社交属性、娱乐属性和资讯属性等方面，爱奇艺选择了它的短视频发展方向——娱乐性。无论是爱奇艺 APP 的搞笑、热点频道，还是爱奇艺纳逗 APP 中推荐的以好玩、有趣为主格调的短视频内容，都能充分地体现出这一属性。

而对于视频号运营者来说，正是因为爱奇艺在某些频道上的短视频业务偏向于专门的短视频 APP 开发，让他们找到了推广短视频的平台和渠道。同时，爱奇艺作为我国 BAT 三大视频网站之一，有着巨大的用户群体和关注度，以它为平台进行视频号运营推广，通常可以获得不错的效果。

图 10-33 所示为爱奇艺的页面截图。用户可以在爱奇艺个人中心找到"创作中心"选项，然后选择该选项进入创作中心页面，然后在该界面中上传自己的短视频内容。

图 10-33　爱奇艺页面截图

视频号运营者可以点击"上传/剪辑"按钮，上传自己准备好的视频，最好是在视频号上发布的短视频，并且向大家介绍自己的视频号，如果大家喜欢这个视频，自然就会去视频号上搜索，然后关注你，达到为视频号引流的目的。

当然，爱奇艺上也可以直接拍摄和剪辑视频，因为我们这里讲的是引流，所以不做具体介绍，它的拍摄和剪辑也比较简单，一般来说，用户跟着提示一步一步来，就可以做好了。

3. 西瓜视频引流

西瓜视频 APP 是今日头条旗下的独立短视频应用，同时也可看作今日头条平台上的一个内容产品，其推荐机制与头条号的图文内容并无太大差别——都是基于机器推荐机制来实现的。通过西瓜视频平台，视频号运营者可以轻松地向大家推广和分享优质视频内容。

基于西瓜视频与今日头条平台的关联，视频号运营者可以通过今日头条平台后台进行短视频的运营和推广。通过今日头条平台后台的西瓜视频发表和推广短视频，具有如下多个方面的优势。

（1）利用合辑功能

"发表合辑"是为适应视频内容发展而推出的新功能，指的是视频集合，当然，这种集合并不是简单地把多个视频组合在一起，而是对已发表的视频内容进行重新组织和整理之后的集合，是具有自己思想的、有固定主题的视频集合的发表。

因此，视频号运营者可以把相同主题的一系列短视频进行整理，再设置一个引人注意的主题名称，吸引众多用户观看，最终实现品牌和产品的推广。

（2）设置金秒奖

通过今日头条后台的西瓜视频发布的内容，还可以参与金秒奖。一般来说，出现在"金秒奖"频道首页中的内容，都有较高的流量，有些视频更是高达百万播放量。即使参与评选之后，并没有获得相关奖项，也能通过与"金秒奖"这一短视频行业的标杆事件发生关联而增色不少。

因此，视频号运营者可以发表自己制作的优质短视频内容，参与金秒奖。这里的质量主要包括两个层面的内容：一是所呈现出来的视频内容的质量，二是拍摄、制作的视频在图像、音效和字幕等多个方面的质量。如果能在众多参与作品中胜出，定会吸引大量用户，更好地对品牌和产品进行推广。

🗨 10.3.5 音频平台：发布音频助力传播

音乐和音频的一大特点是，只要听就可以传达消息。也正是因为如此，音乐和音频平台始终都有一定的受众。而对于视频号运营者来说，如果将这些受众好好利用起来，从音乐和音频平台引流，也能实现视频号粉丝的快速增长。

1. QQ音乐引流

QQ音乐是国内具有影响力的音乐平台之一，许多人都会将QQ音乐APP作为必备的APP之一。

QQ音乐平台推出一个"Q音音乐人"产品，在"Q音音乐人"入驻之后，用户可以通过完成每月任务获取"粉丝推送"机会，但是每天只能使用1次。入驻用户可以通过"粉丝推送"给粉丝群发私信，然后引流到自己的视频号。

用户在"Q音音乐人"上传的作品越多，粉丝增加就越快，"粉丝推送"

机会也就越多，吸引到视频号上的流量也就越多。如何入驻"Q音音乐人"呢？

步骤 1 在 QQ 音乐平台的个人中心页面点击 ☰ 图标，进入"更多"页面，点击"开放平台"按钮，如图 10-34 所示。

图 10-34　点击进入"更多"界面

步骤 2 用户进入开放平台页面后，点击"Q 音音乐人"，进入新界面，点击下方的"立即入驻"按钮，如图 10-35 所示。

图 10-35　点击"立即入驻"

步骤 3 执行操作后进入"音乐人入驻"界面，点击"新建音乐人"按钮，进入填写信息界面，填写完之后进行实名认证，等待审核结果，如图 10-36 所示。

图 10-36　点击"新建音乐人"按钮

音频内容的传播适用范围更为多样，跑步、开车甚至工作等多种场景，都能在悠闲时收听音频节目。因此，相比于视频，音频内容更能满足人们的碎片化需求。对于视频号运营者来说，利用音频平台来宣传自己的产品或者视频号账号，是一个很好的营销方法。

音频营销是一种新兴营销方式，它主要以音频为内容的传播载体，通过音频节目运营品牌、推广产品。随着移动互联网的发展，以音频节目为主的网络电台迎来了新的机遇，与之对应的音频营销也进一步发展。音频营销有如下特点。

（1）闭屏。闭屏的特点能让信息更有效地传递给用户，这对品牌、产品推广营销和视频号账号宣传更有价值。

（2）伴随。相比视频、文字等载体，音频具有独特的伴随属性，它不需要视觉上的精力，只需双耳在闲暇时收听即可。

2.蜻蜓FM引流

"蜻蜓 FM"是一款强大的广播收听应用，用户可以通过它收听国内、海外等地区数千个广播电台。"蜻蜓 FM"相比其他音频平台，具有如下功能特点。

（1）跨地域。连接数据的环境下，可以全球广播自由选。

（2）免流量。用户可以通过硬件 FM 免流量收听本地电台。

（3）支持点播。新闻、音乐、娱乐、有声读物等自由点播。

（4）内容回听。不再受直播的限制，错过的内容可以回听。

（5）节目互动。用户通过蜻蜓 FM 可以与喜欢的主播实时互动。

在"蜻蜓 FM"平台上，用户可以直接通过搜索栏寻找自己喜欢的音频节目。对此，视频号运营者只需根据自身内容，选择热门关键词作为标题便可将内容传播给目标用户。如图 10-37 所示，笔者在"蜻蜓 FM"平台搜索"摄影"后，便出现了多个与之相关的节目。

视频号运营者应该充分利用用户碎片化需求，通过音频平台来发布产品信息广告或者视频号账号信息，即运营者在音频平台发布音频，然后在音频中介绍自己的产品或者视频号账号，有兴趣者自然会去关注你的视频号。如何在"蜻蜓 FM"发布音频呢？

图 10-37　"蜻蜓 FM"中"摄影"的搜索结果

步骤 1 视频号运营者想要成为主播，需先下载"蜻蜓主播 - 音频创作者工具"APP，注册账号，如图 10-38 所示。

图 10-38　下载蜻蜓主播 APP 并注册账号

步骤 2 运营者登录成功后，进入个人中心页面，在该页面点击"录音"按钮，会弹出录制页面，然后进行录制和发布，如图 10-39 所示。

图 10-39　点击"录音"按钮

一般来说，音频广告的营销效果会比其他形式的广告好，向听众群体的广告投放更为精准。而且，音频广告的运营成本也比较低廉，十分适合本地中小企业长期推广。

例如，做餐饮的视频号运营者，可以与"美食"相关的音频节目组合作。因为这些节目通常有大批关注美食的用户收听，广告的精准度和效果会非常好。

3. 网易云音乐引流

网易云音乐是一款专注于发现与分享音乐产品的音乐平台，依托专业音乐人、DJ（Disc Jockey，打碟工作者）、好友推荐及社交功能，为用户打造全新的音乐生活。

网易云音乐的目标受众是一群有一定音乐素养、较高教育水平、较高收入水平的年轻人，这和视频号的目标受众重合度非常高，因此，网易云音乐成为了视频号引流的最佳音乐平台之一。

用户可以利用网易云音乐的音乐社区和评论功能，对自己的视频号进行宣传和推广。例如，就引流方面来说，原创音乐人徐秉龙就非常善于利用网易云音乐引流，他在抖音平台上发布的歌曲《白羊》《青柠》《孤身》以及《千禧》等都被粉丝广泛使用。

徐秉龙在网易云音乐平台中对《千禧》这首歌的宣传也做出了很多努力，

他通过在歌曲评论区和粉丝进行深度互动，推广自己的抖音账号，吸引他们前往抖音使用《千禧》作为BGM（背景音乐）拍摄短视频。图10-40所示为徐秉龙在网易云音乐平台上对《千禧》的评论。

图10-40　徐秉龙在网易云音乐上对《千禧》的评论

在网易云音乐平台还可以建立个人的云圈，即歌手与粉丝互动的地方。在云圈，歌手可以发布自己的动态，而云圈内又基本都是该歌手的粉丝，所以歌手发布的动态会得到比较多的关注。利用云圈，视频号运营者可以发布关于自己视频号介绍的信息，引导粉丝去关注。如图10-41所示，为徐秉龙的云圈页面截图。

图10-41　徐秉龙的云圈页面截图

因此，评论推广是音乐平台引流的有效方法。视频号运营者也一样可以通过这个方法引流到自己的视频号，虽然抖音和视频号的平台不同，但引流方法视频号运营者是可以借鉴的。

10.4 线下平台：3种方式进行线下推广

除了线上的各大平台，线下平台也是视频号引流不可忽略的渠道。目前，从线下平台引流到视频号主要有3种方式。

10.4.1 线下扫码：直接增加粉丝数量

除了线下拍摄和线下转发之外，还有一种更为直接的增加视频号粉丝数量的方法，那就是通过线下扫码，让进出的消费者或者是路人成为你的视频号粉丝。

当然，在扫码之前，还需有码可扫。对此，视频号运营者可以进入视频号设置界面，点击"我的名片"按钮，进入"我的名片"界面，将名片保存到相册，如图10-42所示。

图10-42 "个人名片"保存到相册

我们在第3章第3节已经说过怎么找到并保存"我的名片"，大家如果找不到界面的话，可以顺便复习一下之前的内容。

视频号用户的二维码保存到本地相册之后，视频号运营者可以将其打印出来，通过发传单，或者将二维码放置在店铺显眼位置的方式，让更多人扫码关注你的视频号。

📱 10.4.2 线下拍摄：增加店铺宣传渠道

对于拥有实体店的视频号运营者来说，线下拍摄是一种比较简单有效的引流方式。通常来说，线下拍摄可分为两种，一种是视频号运营者及相关人员自我拍摄，另一种是邀请进店消费者拍摄。

视频号运营者及相关人员自我拍摄视频号短视频时，通常能够引发路过人员的好奇心，为店铺引流。而短视频上传之后，如果用户对你的内容比较感兴趣，也会选择关注你的账号。

而邀请进店的消费者拍摄，则可以直接增加店铺的宣传渠道，让更多视频号用户看到你的店铺及相关信息，从而达到为店铺和视频号引流的目的。

📱 10.4.3 线下转发：提供福利获得效果

可能单纯的邀请消费者拍摄短视频效果不是很明显，此时，视频号运营者可以采取另一种策略，那就是在线下实体店开展转发有奖活动，让消费者将拍摄好的视频号短视频转发至微信群和朋友圈等社交平台，提高店铺和视频号的知名度。

为了提高消费者转发的积极性，视频号运营者可以针对转发数量，以及转发后的点赞数等给出不同的优惠力度。消费者为了获得更大的优惠，自然会更卖力地转发，转发实际效果也会更好。

变现转化：多种方式助你轻松年入百万

> **学前提示**

　　确实，视频号是一个潜力巨大的市场。但是，它同时也是一个竞争激烈的市场。所以，视频号运营者要想通过运营视频号轻松年入百万，还得掌握一些实用的变现方式。

> **要点展示**

- 销售变现：通过买卖赚取收益
- 流量变现：借粉丝力量开辟生财之道
- 其他变现：提高视频号"钱"景

销售变现：通过交易赚取收益

对于视频号运营者来说，除了想要分享自己的生活和观点外，还希望通过运营视频号来获取利益，也就是希望视频号能变现。

而视频号最直观、有效的盈利方式当属销售商品或服务变现了。借助视频号平台销售产品或服务，只要有销量，就有收入。具体来说，通过销售产品或服务变现主要有 8 种形式，这一节笔者将分别进行解读。

💬 11.1.1 自营店铺：展示产品，轻松挣钱

视频号是一个人人可以创作、人人可以分享美好生活的平台，但是随着短视频变现的成熟，以及抖音、快手等短视频平台变现模式的成功，视频号在变现方面也被寄予厚望，其商业价值被外界看好。

对拥有淘宝、京东等平台店铺的视频号运营者来说，通过自营店铺直接卖货无疑是一种十分便利、有效的变现方式。视频号运营者可以通过短视频介绍自己的店铺，展示自己店铺的产品，引起视频号用户的兴趣。

一般来说，有公众号的运营者可以在视频号下方插入介绍产品并附有购买链接的公众号文章，如图 11-1 所示。视频号用户点击链接就会跳转到该篇公众号文章，里面一般会有产品详细的介绍和购买的链接或方式，点击购买链接就可以进行购买，如图 11-2 所示。如果怕用户不懂操作，也可以在评论处补充说明。

没有自己公众号的，可以直接在评论处告知用户购买方式。商品销售出去之后，视频号运营者便可以直接获得收益了。

有的视频号运营者则会在自己的视频号账号简介或者名称处留下联系方式，这种直接留下联系方式的行为笔者持保留意见，因为这样做视频号被封号的可能性比较大。

图 11-1　点击公众号链接

图 11-2　点击链接购买商品

11.1.2　微商卖货：转化为好友，提高销量

微信卖货和直接借助视频号平台卖货虽然销售载体不同，但有一个共同点，那就是要有可以销售的产品，最好是有代表性产品。而视频号运营者通过微商卖货的重要一步就在于，将视频号用户转化成自己的微信好友。

转化成微信好友之后，便可以通过将微店产品链接分享至朋友圈等形式，对产品进行宣传，如图 11-3 所示。用户点击链接购买商品，微商便可以直接赚取收益了。

图 11-3　微信朋友圈宣传产品

🗨 11.1.3　售卖课程：招收学员，获得学费

对于部分自媒体和培训机构来说，可能自身是无法为消费者提供实体类商品的。那么，是不是对他们来说，视频号平台的主要价值就是单纯地积累粉丝，进行自我宣传呢？

很显然，视频号平台的价值远不止这些，只要自媒体和培训机构拥有足够的干货内容，同样是能够通过视频号平台获取收益的。比如，可以在视频号平台中通过开设课程招收学员的方式，借助培训费用赚取收益。

图 11-4 所示为视频号"友浩达科技"发布的课程信息。信息中包含有二维码。视频号用户可以扫描二维码，跳转到购买该课程的界面，然后下单购买课程。视频号用户购买课程，视频号运营者就会有收入，这便是售卖课程的变现方式。

图 11-4　"友浩达科技"发布的课程界面

有的视频号运营者售卖课程不会直接在视频号上发布信息，而是先发布在公众号上，然后以超链接的形式插入视频号中，这种方法比直接在视频号上发布信息要安全一些。

💬 11.1.4 赚取佣金：分销变现，收入稳定

随着新媒体领域的发展，分销变现的方式成为新媒体运营者的新宠，因为并不是每一位新媒体运营者都会有自己的店铺或产品。对于新媒体运营者，尤其是没有店铺或产品的运营者来说，分销就是很好的、很稳定的变现方式。

而这种变现方式同样适用于视频号变现，也就是说视频号用户可以通过帮他人卖货赚取佣金。现在可以进行分销的平台有很多，比如淘宝客、微盟、有赞商城等。图 11-5 所示为淘宝客的页面截图。视频号运营者可以复制淘宝客的口令，然后在视频号中插入该口令，只要有用户复制你发布的口令买东西，你就可以获得佣金收入。

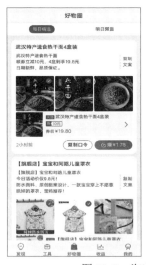

图 11-5 淘宝客的页面截图

当然，在添加商品时，视频号运营者可以事先查看每单获得的收益。以护肤类商品为例，视频号运营者可以直接搜索护肤，查看相关产品每单可获得的收益。可选择佣金高的、销量好的产品推广。

图 11-6 所示为某视频号运营者在视频号推广的分销产品。视频号用户长按口令复制，页面就会跳出淘口令，点击它就会出现商品信息，领取优惠券

就会跳转到淘宝购买页面。用户成功购买之后，运营者就会得到对应的佣金收入。一般来说，产品选得好，佣金收入非常可观。

图 11-6 复制淘口令进入淘宝页面

11.1.5 服务获客：提供服务，曲线获益

视频号运营者可以通过给用户提供服务来获取收益，服务的转化也有很多模式。如图11-7所示，视频号"珠海不求人"就是在视频号上发布房源信息，为很多租房客提供服务。

图 11-7 在视频号上发布房源信息

这种视频号一般都是房屋租赁公司在运营，公司将房源发布在视频号上，然后再通过公众号链接将用户导入公众号，用户在公众号中能了解到更全面的房屋信息，有利于将房屋租出去。当然，运营者也可以卖房。

服务的板块还有很多，比如招聘、相亲、家教等，视频号用户可以根据自己的账号定位来选择向用户提供的服务类型。

11.1.6 项目招商：吸引用户，达成合作

项目招商类信息，也可以通过视频号来传播内容，吸引更多用户。图 11-8 所示为视频号"互联网项目达人"发布的支付宝刷脸支付的项目招商信息。

图 11-8 项目招商类视频号内容

短视频演示了刷脸支付的步骤，让视频号用户比较直观地感受刷脸支付的方便和快捷。然后视频号运营者在视频号中插入了公众号文章链接，公众号对刷脸支付进行了比较详细全面的介绍，用户如果想合作，也可以通过公众号联系到官方，了解合作事宜。

11.1.7 出版图书：知识变现，收益可观

图书出版，主要是指视频号运营者在某一领域或行业经过一段时间的经营，拥有了一定的影响力或者经验之后，将自己的经验进行总结，然后以图书形式出版，获得收益的盈利模式。

短视频原创作者采用出版图书这种方式去获得盈利，只要视频号运营者本身有基础与实力，那么收益还是很乐观的。视频号还在起步阶段，笔者还是以抖音为例讲讲出版图书的变现方式，当然这种变现方式同时也适合其他短视频平台。

例如，抖音号"Shawn Wang"的号主王肖一便是采取这种方式获得盈利的。王肖一通过抖音短视频的发布积累了 100 多万粉丝，成功塑造了一个 IP。图 11-9 所示为"Shawn Wang"的抖音个人主页。因为多年从事摄影工作，王肖一结合个人实践编写了一本无人机摄影方面的图书，如图 11-10 所示。

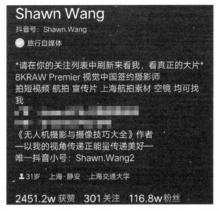

图 11-9 "Shawn Wang"的抖音个人主页

图 11-10 王肖一编写的摄影书

该书出版之后短短几天，通过"Shawn Wang"这个抖音号便受到读者的欢迎。原因在于除了本书内容对读者有吸引力之外，与王肖一这个 IP 也是密不可分的，部分抖音用户就是冲着王肖一这个 IP 来买书的。视频号发展成熟之后，视频号运营者如果有实力，同样可以通过出版图书赚取更多的利益。

另外，当你的图书作品火爆后，还可以通过售卖版权来变现，小说等类别的图书版权可以用来拍电影、拍电视剧或者网络剧等，收入相当可观。当然，这种方式可能比较适合那些成熟的短视频团队，如果作品拥有了较大的影响力，便可进行版权盈利变现。

🐧 11.1.8　账号出售：最后一招，谨慎使用

在生活中，无论是线上还是线下，都是有转让费存在的。而这一概念随着时代的发展，逐渐有了账号转让的存在。同样的，账号转让也是需要接收者向转让者支付一定费用的。

对于视频号来说，暂时还没有成熟的转让平台，但是随着视频号的发展，相信后面会有成熟的转让机制，所以笔者同样以抖音为例，向大家介绍账号出售方面的信息。由于抖音号更多的是基于优质内容发展起来的，因此，抖音号转让变现通常比较适合发布了较多原创内容的账号。

如今，互联网上关于账号转让的信息非常多，有意向的账号接收者要慎重对待，且一定要到比较正规的网站上操作，否则很容易上当受骗。例如，鱼爪新媒平台可以提供抖音账号转让服务。图 11-11 所示为"抖音号交易"界面。

图 11-11　鱼爪新媒平台"抖音号交易"界面

如果抖商想转让自己的抖音账号，只需点击"抖音号交易"界面的"我要出售"按钮，便可进入"填写信息"界面，如图 11-12 所示。填写相关信息，点击"确认发布"按钮，即可发布账号转让信息。转让信息发布之后，只要售出，抖商便可以完成账号转让变现。

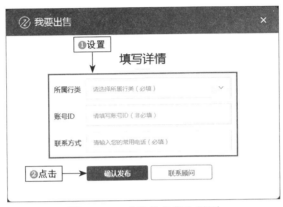

图 11-12 "我的出售"界面

当然，在采取这种变现方式之前，运营者一定要考虑清楚。因为账号转让相当于是将账号直接卖掉，一旦交易达成，运营者将失去账号所有权。如果不是专门做账号转让的运营者，或者不是急切需要进行变现，笔者不建议采用这种方式。

就视频号来说，目前一个视频号只能绑定一个微信号，绑定后不可更改，尤其是绑定的微信号是自己的微信号。至于后面视频号会如何发展还无法预测，笔者这里先将这种变现方式提出来，供大家参考，具体情况还要看视频号未来的发展。

11.2 流量变现：借粉丝力量开辟生财之道

视频号是一个流量巨大的平台，而对于视频号运营者来说，将吸引过来的流量进行变现，借粉丝的力量变现也不失为一种不错的生财之道。

流量变现的关键在于吸引视频号用户观看视频号上发布的内容，然后通过内容引导用户，从而达成变现的目的。一般来说，流量变现主要有 4 种方式，这一节笔者将分别进行解读。

11.2.1 广告代言：增加粉丝数，赚取代言费

当视频号运营者的账号积累了大量粉丝，成了一个知名度比较高的 IP 之后，可能就会被邀请做广告代言。此时，视频号运营者便可以赚取广告费的方式进行 IP 变现。这方面抖音发展比较快，视频号运营者可以借鉴抖音运营者的经验，利用广告代言变现。

抖音中通过广告代言变现的 IP 还是比较多的，它们共同的特点就是粉丝数量多，知名度高。图 11-13 所示为费启鸣的抖音个人主页，可以看到其粉丝量接近 2 000 万。

图 11-13 "费启鸣"的抖音个人主页

正是因为有如此多的粉丝，费启鸣成功接到了许多广告代言，其中不乏一些知名品牌的代言。图 11-14 所示为费启鸣的代言宣传海报。广告代言多，又有不少是知名品牌，费启鸣的广告代言收入也就可想而知了。

图 11-14 费启鸣的代言宣传海报

11.2.2　录制节目：提高知名度，扩大影响力

除了广告代言之外，还可以接到电视节目录制的邀请，参与电视节目录制。比如，戴羽彤在抖音上的粉丝有1 200多万，是抖音上的红人，而且她唱歌非常好听，前段时间参与了湖南卫视歌唱类节目《嗨唱转起来》的录制，还获得了主持人的赞扬。如图11-15所示，为戴羽彤参加节目的播出画面截图。

图 11-15　戴羽彤参加节目录制播出画面截图

11.2.3　线下导流：引导用户，到店打卡

视频号用户都是通过微信的视频号来查看线上发布的相关短视频，而对一些在线上没有店铺的运营者来说，要做的就是通过短视频将线上的视频号用户引导至线下，让他们到店打卡。

如果视频号运营者拥有自己的线下店铺，或者跟线下企业有合作，建议大家一定要认证POI（Point of Information，信息点），即运用在导航中，提供给用户路况和周边建筑的详细信息，方便用户查询目标位置情况，这样就可以获得一个专属的唯一地址标签，只要能在高德地图上找到你的实体店铺，认证后即可在视频号中直接展示出来。

如图11-16所示，第1张图片为视频号"火火男士"发布的内容截图，点击视频下方的定位，就可以进入第2张图片显示的页面，在这个页面可以看到同城其他视频号用户发布的所有视频号动态。点击页面右上方的图标，就会跳出第3张图片显示的页面，然后就可以将第2张图片显示的页面分享给微信好友或者发送到朋友圈，好友点击你分享的链接就能直接进入该页面。

图 11-16　查看和分享定位信息

视频号用户点击页面中的"位置详情"，就会弹出该店铺的详细信息，如图 11-17 所示。如果位置合适，视频号用户就可以借助导航到实体店去打卡了。

图 11-17　店铺的详细信息

视频号运营者可以通过 POI 信息界面，建立与附近粉丝直接沟通的桥梁，向他们推荐商品、优惠券或者店铺活动等，从而有效地为线下门店导流，提升转化效率。

POI 的核心在于用基于地理位置的"兴趣点"来链接用户痛点与企业卖点，从而吸引目标人群。大型的线下品牌企业还可以结合视频号的 POI 与话题挑战赛来进行组合营销，通过提炼品牌特色找到用户的"兴趣点"，发布相关的话题，这样可以吸引大量感兴趣的用户参与，同时让线下店铺得到大量曝光，而且精准流量带来的高转化也会为企业带来高收益。

在视频号平台上，只要有人观看你的短视频，就可能会产生触达。POI

拉近了企业与用户的距离，在短时间内能够将大量视频号用户引导至线下，方便了品牌推广和商业变现。而且POI搭配话题功能和视频号天生的引流带货基因，同时也让线下店铺的传播效率和用户到店率得到提升。

📱 11.2.4 平台导粉：引流至目标平台，集中发挥力量

部分视频号运营者可能同时经营多个线上平台，而且视频号还不是其最重要的平台。对于这一部分视频号运营者来说，通过一定的方法将视频号粉丝引导至特定的其他平台，让视频号粉丝在目标平台中发挥力量就显得非常关键了。

一般来说，在视频号中可以通过两种方式将用户引导至其他平台：一是通过链接引导；二是通过文字、语音等表达进行引导。

通过链接导粉比较常见的方式就是在视频号中插入公众号文章的链接，视频号用户只需点击链接，便可进入公众号。图11-18所示为将视频号用户引入公众号，然后通过公众号这个"中转站"，将粉丝导入其他平台。

当视频号用户进入目标平台之后，视频号运营者则可以通过一定的方法，如发放平台优惠券，将其变成目标平台的粉丝，让视频号用户在该平台上持续贡献购买力。

图11-18 点击链接进入公众号

通过文字、语音等表达进行引导的常见方式就是在短视频中，简单地对相关内容进行展示，然后通过文字、语音将对具体内容感兴趣的视频号用户引导至目标平台。

11.3 其他变现：提高视频号"钱"景

除了销售变现和流量变现之外，视频号运营者还可以通过其他变现方式来提高自身的"钱"景。这一节笔者就来重点介绍其中的两种。

11.3.1 社群运营：构建微信群，寻找商机

视频号运营者在视频号平台上运营一段时间之后，知名度和影响力会逐步提高，此时如果你在视频号中留下了联系方式，便会开始有人申请加你为好友。

我们可以好好利用这些人群，从中寻找商机。这些来自视频号的人群都有具体的需求，有的人是想学习视频号如何运营，有的人想学习如何做营销，有的人想学习某种特定的技能。

对此，我们可以根据人群的具体需求进行分类，然后将具有相同需求的人群拉进同一个微信群，构建社群，并通过社群的运营寻找更多商机。笔者便是将来自视频号的人群根据需求进行分类之后，构建了微信群。

图 11-19 所示为笔者的微信好友申请页面截图。可以看到其中有很多人是来自视频号平台的。图 11-20 所示为微信群页面截图。

图 11-19 微信好友申请页面截图

图 11-20 微信群页面截图

🗨 11.3.2 IP增值：成为品牌，多向发展

视频号运营者要把个人IP做成品牌，当粉丝达到一定数量后可以向娱乐圈发展，如拍电影电视剧、上综艺节目以及当歌手等，实现IP的增值，从而更好地进行变现。如今，短视频平台上就有很多"网红"进入娱乐圈发展，比如费启鸣、摩登兄弟、戴羽彤等。

下面，笔者就以抖音为例，对IP增值进行具体讲解。作为一个高颜值和动人歌喉兼具的网红，摩登兄弟刘宇宁在抖音平台上发布了大量歌唱类短视频。如今摩登兄弟已经成为拥有超过3 000万粉丝的大IP。图11-21所示为"摩登兄弟"的抖音个人主页。

图11-21 "摩登兄弟"的抖音个人主页

正是因为在抖音平台上的巨大流量，某歌手不仅被许多音乐人看中，推出了众多为他量身定制的单曲，更被许多综艺节目和晚会邀请。图11-22所示为此歌手参加湖南卫视某次晚会的视频截图。

图11-22 某歌手参加湖南卫视某次晚会的视频截图